杭州职业技术学院职业体验（启蒙）专著研究

现代职业教育研究前沿论丛

浙江省哲社重点研究基地　浙江省现代职业教育研究中心资助

# 青少年职业体验
# "杭职模式"实践

孙红艳　著

中国纺织出版社有限公司

# 内 容 提 要

本书分为六章，第一章是青少年职业体验的理论研究，涉及基础理论、内涵、研究现状以及政策分析；第二章是高职院校开展青少年职业体验的实践，包括现实使命、主要做法与现实困境；第三章是杭职院开展青少年职业体验的动因、历程和成效，第四章和第五章是本书重点，主要阐述项目设计、课程开发和教学实施；第六章是学校开展青少年职业体验的实施经验、建议和展望。

本书着重对杭职院开展的职业体验工作进行理论和实践方面的研究，尤其是对职业体验的项目设计、课程开发和教学实施等方面进行概括和提炼，形成"杭职模式"，为其他院校开展青少年职业体验提供思路、方法和路径。

## 图书在版编目（CIP）数据

青少年职业体验"杭职模式"实践 ／ 孙红艳著 .--
北京 ：中国纺织出版社有限公司，2023.6
（杭州职业技术学院职业体验（启蒙）专著研究）
ISBN 978-7-5229-0269-2

Ⅰ．①青… Ⅱ．①孙… Ⅲ．①青少年-职业教育-研究-中国 Ⅳ．① G719.2

中国版本图书馆 CIP 数据核字（2022）第 251262 号

责任编辑：朱冠霖 责任校对：王蕙莹 责任印制：王艳丽

中国纺织出版社有限公司出版发行
地址：北京市朝阳区百子湾东里 A407 号楼 邮政编码：100124
销售电话：010—67004422 传真：010—87155801
http://www.c-textilep.com
中国纺织出版社天猫旗舰店
官方微博 http://weibo.com/2119887771
三河市宏盛印务有限公司印刷 各地新华书店经销
2023 年 6 月第 1 版第 1 次印刷
开本：710×1000 1/16 印张：13
字数：220 千字 定价：88.00 元

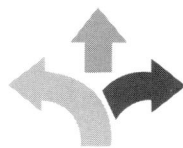

# 前言
## PREFACE

在孩童时代，每一个少年儿童的心中都有一个英雄梦或成为理想人物的希冀。而青少年职业体验教育就是为不同年龄段的孩子在真实或者高仿真的职业工作环境中，通过现场观摩、岗位体验、实操训练等方式，让他们身临其境地感知职业、认知职业，让中小学生产生职业兴趣，做好职业生涯规划，提前遇见未来的自己。

近年来，国家不断鼓励职业院校联合中小学开展职业体验教育活动，例如，2017年9月教育部印发《中小学综合实践活动课程指导纲要》，将"职业体验"作为综合实践活动课程的四大模块之一；2019年2月国务院印发《国家职业教育改革实施方案》，明确要求"鼓励中等职业学校联合中小学开展劳动和职业启蒙教育，将动手实践内容纳入中小学相关课程和学生综合素质评价"；2020年7月教育部印发《大中小学劳动教育指导纲要（试行）》，指出"开展职业启蒙教育体会劳动创造美好生活"。在普职融通背景下，职业院校将是中小学开展职业体验的主阵地。

杭州职业技术学院（本书称为"杭职院"）在青少年职业体验教育开展方面具有很强的前瞻性。早在2014年，学校就在全国首推职业教育反哺基础教育，创建了集职业辅导、实践体验、能力训练三位一体的"青少年职业体验中心"，集"公益性、实践性、开放性、共享性"于一体，为青少年点燃职业梦想，缔造非凡人生，探索出了一条全国高职首推的高职教育反哺基础教育的创新发展之路。同时，还联合政府、职业院校、行业、企业共建青少年职业启蒙（体验）"杭州联盟"，建设了一批融职业启蒙、职业体验和职业规划指导于一体，聚焦城市特色产业和未来科技发展的优质职业启蒙教育基地和职业启蒙课程，构建了由校内优质师资和社会师资组成的职业体验师资团队，大力推进职业规划咨询指导、职业启蒙和职业体验。

近些年，来杭州职业技术学院参加职业体验的群体包括中小学教师、幼儿园孩童、小学生、初中生、高中生等，政府机关幼儿园、采荷二小、下沙一小、文海小学、杭州二中白马湖学校、建兰中学、源清中学、杭州新世纪外国语等多所学校的数以万计的师生参加职业体验，学校的职业体验赢得了学生和家长的认可。

笔者就该校开展的职业体验工作进行理论和实践方面的研究，尤其是对职业体验的项目设计、课程开发、师资力量、教学实施以及机制保障等方面进行概括和提炼，形成"杭职模式"，为其他院校开展青少年职业体验提供思路、方法和路径，希望能为更广范围的青少年职业体验实践贡献一份绵薄之力。

本书分为六章，第一章是青少年职业体验的理论研究，涉及基础理论、内涵、研究现状以及政策分析；第二章是高职院校开展青少年职业体验的实践，包括现实使命、主要做法与现实困境；第三章是杭职院开展青少年职业体验的动因、历程和成效；第四章和第五章是本书重点，主要阐述项目设计、课程开发和教学实施；第六章是学校开展青少年职业体验的实施经验、建议和展望。

杭职院开展中小学职业体验从摸索到现在形成模式是杭职人不断探索、培育和创新的结果，其中凝结了一大批管理者、教师和志愿者的汗水和智慧，是他们的付出成就了青少年职业体验的"杭职模式"，他们的思考和实践是本书的素材和内容来源，在此一并感谢。同时，鉴于笔者的水平有限，书中难免会有偏颇和错漏，敬请读者批评指正，在此谢过。

孙红艳

2022年10月

# 目录
## CONTENTS

# 第 一 章

# 青少年职业体验的理论研究

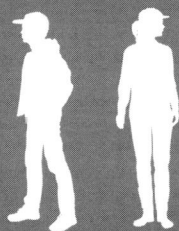

荀子曰："不闻不若闻之，闻之不若见之，见之不若知之，知之不若行之，学至于行而止矣。"体验在我国教育史中可谓源远流长。无论是在孔子、孟子、荀子的语录中，还是在《淮南子》书中都不乏体验式德育思想。然而在现代教育体系中，"职业体验"却源于国外，我国尚缺少对于大学生职业体验系统深入的研究，本章着重论述了青少年职业体验教育的理论基础。先从青少年职业体验的基础理论入手，论述了职业体验教育的杜威、大卫·库伯和舒伯三大理论门派。本章通过对比分析青少年职业教育和生涯教育，职业启蒙、职业体验和研学旅行以及职业体验教育和职业生涯规划的区别，阐述了青少年职业体验教育的内涵。本章着重以日本、德国、美国和芬兰为例，综述了国外各国的职业体检教育相关做法和经验。本章也从青少年职业体验教育的学理性、价值意蕴、实现路径、困难与对策等方面对国内目前开展的研究进行了论述，并回顾总结了我国青少年职业体验教育的发展历程和现行政策。

## 第一节 青少年职业体验教育的基础理论

### 一、杜威"从做中学"教学理论

杜威"从做中学"指的是贯穿于教学领域的各个主要方面，诸如教学过程、课程、教学方法、教学组织形式等，都以"从做中学"的要求为基础，形成了"不仅塑造了现代的美国教育，而且影响了全世界"的活动课程和活动教学。"从做中学"既是杜威提出的教学方法，也是一种经验的、思维的和探究的方法。从儿童的天性出发，促进儿童的个性发展，强调学生实践经验的重要作用，只有通过实践的锻炼才能获得并检验所学到的知识，而且，受教育者所学的知识最终还是要运用到实践中，用于指导实践，进一步引导学生参与到社会生活中。❶职业教

---

❶ 约翰·杜威.民主主义与教育［M］.王承绪，译.北京：人民教育出版社，1990.

育作为教育计划的一部分，学校教育应该与社会生活紧密结合，而社会生活的主要内容是职业生活。职业教育课程需要和普通教育课程融合，从职业潜能出发，重点培养人的实践智慧，使学生能够适应社会。

杜威的思想曾对20世纪前期的中国教育界、思想界产生了重大影响，杜威本人也曾到访中国，影响了包括胡适、冯友兰、陶行知、郭秉文、张伯苓、蒋梦麟等一批国学大师和学者。20世纪20年代，以我国近现代爱国主义者和民主主义教育家黄炎培为代表的一些学者曾积极借鉴西方职业启蒙教育经验，探索我国职业启蒙思想融入普通中小学教育的可能性。

## 二、大卫·库伯体验式学习圈理论

20世纪80年代，大卫·库伯在总结了约翰·杜威、库尔特·勒温和皮亚杰经验学习模式的基础之上，在他的著作《体验学习：体验——学习发展的源泉》❶提出自己的经验学习模式即体验式学习圈理论（Experiential learning）。库伯认为，学习、转变、成长是一个"积极尝试—亲身体验—观察反省—总结领会"的封闭系统的整合过程。尝试和体验是整合过程的开端，也是整合过程的基础。库伯把体验学习阐释为一个体验循环过程：具体的体验—对体验的反思—形成抽象的概念—行动实验—具体的体验，如此循环，形成一个贯穿的学习经历，学习者自动地完成反馈与调整，经历一个学习过程，在体验中认知。

## 三、舒伯生涯发展论

唐纳德·E.舒伯（Donald E. Super）为职业指导和应用心理学博士，哥伦比亚大学师范学院教授。舒伯认为，生涯是生活中各种事件的演进方向和历程，它统合了人一生中的各种职业和生活角色，同时表现出个人独特的自我发展形态。舒伯根据自己"生涯发展形态研究"的结果，参照布勒（Bueller）的分类，也将生涯发展阶段划分为成长、试探、决定、保持与衰退五个阶段，其中有三个阶段与金斯伯格的分类相近，只是年龄与内容稍有不同，舒伯增加了就业以及退休阶段的生涯发展。职业生涯规划体验教育是大学生成长成才的有力保证，根据舒伯生涯发展论，我国大学生正处于生涯发展阶段的探索期，他们有规划自己将来职业

---

❶ 库伯.体验学习：让体验作为学习与发展的源泉［M］.王灿明，朱水萍，等，译.上海：华东师范大学出版社，2008.

生涯的渴望。体验式的生涯管理与辅导能够帮助大学生培养生涯观念，获得生涯知识和规划生涯决策的技能，了解社会职业变化的方向，提高适应社会的能力。

## 四、我国古代教育家思想中的体验式德育思想

体验式德育思想在我国教育史中可谓源远流长。《淮南子·汜论训》中就有"圣人以身体之"的说法。孔子强调言行一致，以行来检验言；孟子在《孟子·告子下》中有"故天将降大任于是人也，必先苦其心志，劳其筋骨，饿其体肤，空乏其身，行拂乱其所为，所以动心忍性，曾益其所不能"。荀子非常重视实践的作用，他认为"不闻不若闻之，闻之不若见之，见之不若知之，知之不若行之，学至于行而止矣"。从以上教育思想中，我们不难看出古代教育家思想中的体验式德育思想，其十分强调体验的过程，在切身体验过后，对事情形成自己的感悟，促使自己不断进步。

## 第二节　青少年职业体验教育的内涵

### 一、青少年职业教育与生涯教育

#### （一）职业教育

职业教育是"职业教育""技术教育"和"培训"的总称。《教育大词典》对它的定义是："进行科学、技术学科理论和相关技能学习的教育以及着重职业技能训练和相关理论学习的教育。"与其他类型教育比较，职业教育偏重于理论的应用和实践技能、实际工作能力的培养。大都处于高级中学阶段和高等专科阶段，也有的处于初级中学阶段。随着时代的前进、社会的发展，职业教育的范围和内涵也在发生变化。

#### （二）生涯教育

美国联邦教育署长马兰博士在1971年正式提出了"生涯教育"的概念。20世纪90年代末，国际生涯教育研讨会表述生涯教育为"要回应个人的要求，对个体职业品质的培养比知识和技能的积累更加重要。生涯教育要顺应社会和时代的发展需求，注重发展个体与他人合作的能力，最终形成个体主动建构职业共同体的目的。家庭、学校和社会都应成为生涯教育的主体"。[1]

#### （三）职业教育与生涯教育的区别与联系

青少年生涯教育和职业教育是有所联系却又相互区别的两个概念。首先，从

---

[1] 周羽全.我国台湾地区中小学生涯教育研究［D］.上海：上海师范大学，2011.

教育目标的设定上，生涯教育与职业教育具有趋近性。职业教育目标是教导青少年如何谋生，其教学过程就是帮助每个学生成为对谋生有准备的人，能自我实现并贡献社会。生涯教育的最终目标即教导每个人完成其生涯准备，并尽快适应现实工作世界。

其次，二者也有明显的区别。生涯教育是职业教育的发展和延伸，职业教育促进了生涯教育的实现。其中，职业教育是与普通教育相对的一种教育类型，有自己完备、独立、相对稳定的课程教学体系和发展评价体系，并表现出实施过程中明显的时段性。而生涯教育是一套辅助性的课程计划，其具体内容和实施过程灵活性很大，既可以在普通教育过程中实施，又可以在职业教育过程中实施，并且时间跨度很大，贯穿从小学到大学，从校内到校外，从工作到退休直至生命的终结的全方位和全过程。职业教育是一种定向的专业教育，促进了生涯教育的实现。其带有很强的职业针对性和工具主义色彩。而生涯教育指向的是学生未来的发展形态这一综合概念，注入了"职业与家庭""职业与闲暇"等生活内涵，强调通过不断地进行人生规划和调适，提高人的生活质量，带有很强的人本主义色彩。

最后，从青少年职业教育与生涯教育实施者出发，教师是教育活动的主导者，是具体生涯教育方案的实施者，也是学生未来发展的引导者。而职业教育是终身教育和终身学习的体系中一部分，高校教师为引导学生掌握在某一特定职业或职业群中从业所需的实际技能知识和认识的教育服务。层次上一般分为初等、中等和高等。类型上分为就业前的职业准备教育和就业后的岗位培训、转岗培训等，职业教育是生涯教育的充分实践和延伸。

## 二、青少年职业启蒙、职业体验与研学旅行

### （一）职业启蒙

关于"职业启蒙"，在《现代汉语词典》中"启蒙"包含两层含义：一是开导蒙昧，使之明白事理；二是使初学者得到基本的、入门的知识。也指通过宣传教育，使社会接受新事物。启蒙本身就具有教育的含义。国内学者主要从教育目标、教育功能与教育过程三个角度研究职业启蒙的内涵。从教育目标的角度，认为职业启蒙教育是一种关于职业的入门教育，是一种旨在帮助学生形成职业认

知、培养职业理想、养成劳动习惯、习得职业技能的教育活动；❶从教育功能的角度，认为职业启蒙教育是在帮助青少年儿童了解自己与职业的基础上，激发他们对未来职业生涯的思考，为职业生涯发展奠定基础，是职业教育或终身教育的预备阶段；从教育过程的角度，认为职业启蒙教育是针对青少年儿童开展的，帮助个体对自我与职业进行认知探索，掌握一定自我概念与职业技能，促进个体对自我与职业关系的认知发展，引导个体进行职业规划的教育活动。❷

（二）职业体验

职业体验是指学生在实际工作岗位上或模拟情境中见习、实习，体认职业角色的过程，如军训、学工、学农等。教育部于2017年9月25日发布的《中小学综合实践活动课程指导纲要》中，明确将"职业体验"作为四种主要活动方式之一，是对综合实践活动内涵的进一步丰富，更是对新时期党和国家对中小学生成长新要求的有力回应，也是践行"教育必须与生产劳动相结合"办学原则的新举措（表1–1）。

表1–1 《指导纲要》中小学职业体验活动的基本构成

| 年级 | 学生发展特征 | 推荐主题 | 专题教育 | 数量（个） |
|---|---|---|---|---|
| 3~6年级 | 主要处于职业幻想期 | 找个岗位去体验 | | 5 |
| | | 我喜爱的植物栽培技术 | | |
| | | 来之不易的粮食 | 节约教育 | |
| | | 我是小小饲养员 | | |
| | | 走进立法、司法机关 | 法治教育 | |
| 7~9年级 | 主要处于职业尝试期 | 职业调查与体验 | | 3 |
| | | 军事技能演练 | 国防教育 | |
| | | 走进现代农业技术 | | |
| 10~12年级 | 职业尝试期和职业现实期 | 高中生涯规划 | | 3 |
| | | 走进军营 | 国防教育 | |
| | | 创办学生公司 | 财经素养 | |

❶ 陈鹏，李蕾.职业启蒙教育的内涵探源与维度界分［J］.中国职业技术教育，2018（27）：5–12.
❷ 刘晓，黄卓君.青少年儿童职业启蒙教育：内涵、内容与实施策略［J］.中国职业技术教育，2016（23）：32–37.

职业体验注重让学生获得对职业生活的真切理解，发现自己的专长，培养职业兴趣，形成正确的劳动观念和人生志向，提升生涯规划能力。并对职业体验的关键要素进行了拆解，包括选择或设计职业情境，实际岗位演练，总结、反思和交流经历过程，概括提炼经验，行动应用等。实践论视角将其作为一种职业性的教育实践活动与教育实践过程，侧重于强调职业体验的本质包括"职业"属性与"实践"特质；认识论视角将其看作是通过亲身经历以认识社会、认识职业和认识自我的自我觉知，侧重于强调职业体验的结果是获得主动建构的自我认识与职业认知，具有自主性、适应性、职业性与教育性的特征。❶

（三）研学旅行

"研学旅行"一词首次提出于2013年2月，国务院办公厅印发的《国民旅游休闲纲要（2013—2010年）》中提出"逐步推行中小学生研学旅行"的设想。此后，学术界关于研学旅行的定义展开不同角度的研究，针对研学主体可分为两种界定方式。从广义的角度，研学旅行是指以研究性、探究性学习为目的的专项旅行，是出于文化求知的需要而开展的旅游活动，是一种旅行方式，研学主体可以是任何年龄阶段的旅游者。从狭义的角度，研学旅行则是特指由学校组织、学生参与的，以学习知识、了解社会、培养人格为主要目的的校外考察活动，研学主体是学生，是一种校外教育活动方式，具有目的性、主体性和短暂性等特点。从活动课程的角度，学者们普遍认同研学旅行是一门引导学生从实际生活中发现问题，注重知识和技能综合运用的综合实践活动课程。

从教育活动的角度，2016年12月教育部等11部门印发的《关于推进中小学生研学旅行的意见》中明确指出，中小学生研学旅行是由教育部门和学校有计划地组织安排，通过集体旅行、集中食宿方式开展的研究性学习和旅行体验相结合的校外教育活动，是学校教育和校外教育衔接的创新形式，是综合实践育人的有效途径，具有教育性、综合性、体验性与公益性的特点。按照研学活动内容分类，其研学旅行类型主要有历史文化类、科技活动类、职业体验类、军事训练类、亲近自然类。

---

❶ 高瑜，黄廷美.近十年来我国中小学生职业体验研究综述［J］.当代职业教育，2019（5）：40-46.

（四）青少年职业启蒙、职业体验与研学旅行的区别与联系

相比青少年职业启蒙、研学旅行，职业体验既是一种社会实践活动，也是职业启蒙教育的一种有效形式。每位活动参与者，通过观察、调查、设计、制作、试验等活动获得初步的职业体验，以尽早发现自己的擅长和兴趣所在，然后根据自己的兴趣去学习、研究、发展自己。同时为自己的人生规划播下一颗种子，有益于对未来进行职业生涯规划。职业体验的价值在于让学生通过在不同岗位的实际操作中认识职业，体悟职业，反思职业，为未来规划职业奠定认知的基础。在课程实施中，引导学生在教师营造的学习情境中，体验职业技能，并在体验中发现特定职业的意义和价值，认识职业的特征，进行职业启蒙教育。职业体验不同于知识的传授和简单说教，需要教师设定特定的学习场域，设置相应的体验任务，让学生在特定情境中主动体验不同职业的工作方式，感受不同职业的特点，并融入个体的情感，获得不同职业的道德认同感，逐步形成正确的职业价值观念。

## 三、青少年职业体验教育与职业生涯规划

（一）职业体验教育

职业体验教育就是以学生自身发展需求为出发点，尊重学生的自主选择，即让学生学习必要的职业知识和技能，更通过职业体验帮助学生形成健全人格和良好的思想道德品质，树立正确的职业观、劳动观和人生观，培养学生生涯规划意识与能力、动手实践与创新能力，促进学生全面发展和健康成长，让每个学生成为更好的自己。开展职业体验教育是推动职业教育资源面向基础教育开放，提升中小学综合实践活动课程、劳动与技术课程学习实施水平，促进普职融通，深入实施素质教育的重要途径。

2022年5月1日，十三届全国人大常委会第三十四次会议表决通过新修定的《中华人民共和国职业教育法》中明确提出，"国家大力发展职业教育，推进职业教育改革，提高职业教育质量，增强职业教育适应性，建立健全适应社会主义市场经济和社会发展需要、符合技术技能人才成长规律的职业教育制度体系，为全面建设社会主义现代化国家提供有力人才和技能支撑"。第十九条明确要求："县级以上人民政府教育行政部门应当鼓励和支持普通中小学、普通高等学校，根据实际需要增

加职业教育相关教学内容，进行职业启蒙、职业认知、职业体验，开展职业规划指导、劳动教育，并组织、引导职业学校、职业培训机构、企业和行业组织等提供条件和支持。"另在第三十九条明确要求："职业学校应当建立健全就业创业促进机制，采取多种形式为学生提供职业规划、职业体验、求职指导等就业创业服务，增强学生就业创业能力。"

## （二）职业生涯规划

职业生涯规划起源于1908年的美国。有"职业指导之父"之称的弗兰克·帕森斯（Frank Parsons）针对大量年轻人失业的情况，成立了世界上第一个职业咨询机构——波士顿地方就业局，首次提出"职业咨询"概念。随后，又在加拿大、瑞士、法国、新西兰、澳大利亚、德国等快速发展，从此职业指导开始逐步系统化，生涯规划不再局限于职业指导的层面。直到20世纪90年代中期，职业生涯的理念才传入我国，比发达国家晚了近百年。

国内学者则认为，职业生涯规划是指个人与组织相结合，在对一个人职业生涯的主客观条件进行测定、分析、总结的基础上，对其兴趣、爱好、能力、特点进行综合分析与权衡，并结合时代特点和被规划者的职业倾向，确定其最佳的职业奋斗目标，并为实现这一目标做出行之有效的科学安排。也有学者认为，职业生涯规划是指通过对主观因素和客观环境的研究制定出最佳职业奋斗目标和职业发展路线并采取必要措施保证目标实现的动态变化过程，依据传统性职业生涯和易变性职业生涯展开规划。青少年职业生涯规划对其一生有着至关重要的作用，是多方面因素相互作用的结果，引导学生正确认识自身个性特质、自身价值，明确理想职业和发展路径，确立职业目标和生活目标是合理设计职业生涯规划的前提。

## 第三节　青少年职业体验教育的研究现状

### 一、国外研究现状

目前，对于职业体验研究，"职业体验"源于国外，主要集中于日本。日本重视学生的职业体验教育，相关文件对职业体验做了规定且开展了很多职业体验活动。我国还缺少对于大学生职业体验系统的、深入的研究，关于国外"职业体验"教育研究的主要做法及研究方向如下。

#### （一）各国"职业体验"相关做法及经验

1.职业体验的源起

体验式就业（Internship）源自英美国家医师培养等领域实施实地研修的一个概念。在美国主要有两种形式，一是以企业为实施主体，学生参加的社会见习等职业体验活动；二是指大学与企业合作（Co-opprogram），是大学教育的组成部分。❶体验式就业作为一种教育制度是从美国开始，美国的辛辛那提大学（Cincinnati）的校长哈曼（Hamann）于1906年提出了就业体验教育的理念，他认为高等教育要培养社会需要的各种人才，专门职业的知识和技能在学校教育教学中不能充分实现，还必须让学生在社会实际的职业工作中，通过实践经验的学习和体验才能完成。

2.日本的就业体验

日本对于就业体验一词的认识和理解不尽一致，但是一般都将其作为广义的就业体验概念来理解。20世纪80年代，受美国生涯教育理念的影响，日本中小

❶ 夏阳.体验式就业：高校就业指导新模式［J］.中国大学生就业，2007（13）.

学的劳动教育从以升学或就业导向的出路指导，走向以学生的生涯发展为目标的生涯教育，以培养学生获得社会自立和职业自立为最终目标。不单独开设生涯教育课程，将生涯教育理念融入家庭科（技术与家庭）、生活科、道德科、社会科、综合学习（探究）、特别活动等课程。

日本文部科学省基于"面向社会的教育课程"理念，在各地区教委推行"地方与学校协同活动推进员"的委托制度，促进学校与学校、地方、家庭之间的一体化协作。❶自1997年以来，日本政府机构大力推行体验式就业。日本中央教育审议会在1999年12月《改善初等、中等教育与教育的衔接》咨询报告中，把"学校教育与职业生活的衔接"作为独立一章，2003年7月发表了《为了每个学生劳动观、职业观的培养》的中间报告。❷日本在2004年12月整理出《强化为年轻人自立、挑战的行动计划》，把职业体验教育放到了极为重要的支撑地位。具体来说，就是日本决定大力推进职业体验教育，让日本学生在校阶段接受职业体验教育。在《2005经济财政运营和结构改革基本方针》及《强化为年轻人自立、挑战的行动计划》中，日本进一步提出了职业体验教育的规定。❸新一轮日本生涯教育改革的核心理念《新学习指导要领（2017—2018年）》课程内容：涉及生活自立、新型劳动、职业与社会、生存方式四大模块。生存方式提出"出路指导"不能仅仅停留于功利性的升学或就业的层面，而要培养学生在人工智能社会下探索新的职业生涯方向及生活方式的能力与素质。

日本职业体验活动受到国家的重视，从20世纪20年代至今，日本的职业指导历经就业指导、进路指导、职业生涯教育三个发展阶段，形成完整的贯穿小学、中学、大学的职业生涯教育体系，其体验活动的开展也取得了很好的成效。

3.德国的劳动教育（职业规划板块）

德国传统文理中学一般不单独开设劳动课程，将相关内容融入其他学科中进行。经济学内容融入政治—社会经济课程（Politik-Gesellschaft-Wirtschaft，简称PGW课程），其中涉及劳动课程内容——职业与劳动、技术、经济与家政、劳动的内涵与价值、职业责任、工作与产品生产过程、职业选择、职业规划与实习、劳动安全等。德国为高年级开设就业规划与升学指导课程帮助学生了解不同职业

---

❶ 卢宁.日本大学职业教育——就业体验制度［J］.教育与职业，2004（12）.

❷ 李天鹰.日本中学生的职业体验教育［J］.外国中小学教育，2007（7）.

❸ 陈泼.大学生职业体验和访问的设计与实践［J］.就业研究，2009（4）.

的工作性质与未来前景，从而形成个人职业观。联合地方就业指导部门、企业、工厂人力资源部门，开设职业体验活动，为学生未来职业选择提供指导建议。以汉堡主体中学11年级的就业与升学指导课为例，开设就业规划与升学指导课程。

（1）以"自我认知"和"职业认知能力"核心教学内容。

（2）学习的内容：职业规划、求职准备、职业法律法规（简历、面试等技巧）。

（3）形式多样的社会实践与职业考察活动："心仪"的企业、酒店、工厂、手工作坊。

（4）岗位指导，使其亲身感受不同岗位的日常工作。

（5）职业信息中心的工作人员、企业人力部门专业人士。

（6）高校教授开设专题讲座"专业的选择"等。

4.美国的"高峰体验"课程

"高峰体验"是美国心理学家马斯洛自我实现理论中的重要概念，强调个人情感体会对行动的促进作用，表现为个人能力的高度提升和自我力量的高度肯定。按照美国学者杜瑞尔对于"高峰体验课程"的解释，"高峰体验课程"应该被称为"成功体验课程"。具体解释为："高峰体验"课程应该在一系列专业课程结束后开设，目标是把相对零碎的知识整合为一个统一的整体，即将其作为一种结束学业的仪式，为学生提供一种成功的体验和对未来生活的憧憬。❶"高峰体验"课程可以增强学生自身能力和素质，将其运用于大学生实践能力培养的过程中，可提高大学生解决实际问题的能力，增强学以致用的体验。

5.芬兰的分阶段性"职业规划教育"

从20世纪70年代起，芬兰就开始在学校开设"职业规划"课程。学生在参加高考之前，已经接受六年的在校职业规划教育。芬兰分阶段性目标，循序渐进开展职业规划教育，小学阶段重在培养教育兴趣、职业启蒙和做决定的能力；中学开设职业和创业素养的必修课，重在自我认知、职业体验和未来职业规划；到了高中，自由的选课制度则让大多数孩子已有自己心仪的专业发展方向。

芬兰的职业教育分为三大类：中等职业教育、高等职业教育和成人职业教育，三者组成一套终身职业技术教育体系，为芬兰社会和企业培养了大批技术工人及高级技术和管理方面的专门人才。芬兰职业教育的灵活性与不断改革密不可

---

❶ Durel R J. The Capstone course: a rite of passage［J］. Teaching Sociology，1993（21）：223-225.

分。最近一次职业教育改革是在2018年，改革的核心是"基于能力及以客户为导向"，旨在使职业教育和培训可以准确有效地满足企业及个人职业生涯中日新月异的能力需求。就像天气预报一样，芬兰有个技能预报体系，预测国家和地区层面的技能和培训需求，这些数据用于开发教学内容并制定教育相关政策。

（二）国外职业体验的学术研究

1.职业生涯教育制度建设研究

日本著名生涯教育学者浅野信彦和伊藤友美在其文献中指出，日本政府在1999年的《关于改善初等、中等与高等教育的衔接》报告中就提出"为促进学校、社会以及学校间的有效衔接，需从小学阶段开始实施职业生涯教育"。在美国，1994年通过的《学校—工作就业法案》中将学生从学校到工作所进行的项目都归纳在教育领域，推动了美国教育的改革，各个州和地区都可以出台相应政策帮助学生从学校顺利过渡到工作领域。

美国南卡罗来纳州的生涯发展项目同样也是立足于本州的实际情况，依据小学生各自的发展特点和生涯需求，制订了不同年级的生涯发展目标，同时要求社会各界都要参与到学生各个阶段的生涯教育活动中。

2.职业生涯教育实施状况研究

美国学者唐娜（Dare Donna E.）和麦蒂·伯恩斯坦·卡洛琳（Maddy-Bernstein Carolyn）认为小学生涯教育实施的主要方式有：生涯咨询、"生涯日"活动、实地考察和导师制等。现阶段，加拿大安大略省将职业生涯教育融入所有阶段的教育，从学前教育到成人教育形成了一个连贯的职业生涯教育系统。在小学阶段（1~8年级），职业生涯教育主要整合于所有学科课程；在中学阶段（9~12年级），除了将职业生涯教育融合于其他学科课程之外，还开设单独的学科课程，即《职业生涯教育与指导》课程，发展学生制定和追求教育及职业生涯目标的能力。日本文部科学省从2005年4月以初中为中心，进行了5天以上职场体验的"体验启动周"活动，全国有138个地区参加。到2007年的目标是全国公立初中将有约1万所参与实施。在2004年时，公立初中约有90%实行职场体验，但这期间多数是1~3天。

3.国外职业体验的实证研究

日本学者西田（Yasukazu Nishida）通过调查发现，1989年九年级学生的职业选择能力指数与1981年相比略有增长。这是由于学校提供的与职业教育相关知识容量的增加，使学生对职业活动有了更多的了解，由此呼吁在学科学习中，加入生活经验，消除职业刻板印象，以此来提高学生职业选择能力，扩大职业选择范围。学者萨内特（Sanet H. J. Du Toit）和安妮特·C.威尔金森（Annette C. Wilkinson）通过调查南非的社区实习状况，指出社区实习为学生提供独特的学习机会，鼓励学生在实地实习期间进行研究，同时也提高了社区内居民的生活水平。

## 二、国内研究现状

我国职业生涯教育的开展是近几年才兴起的，所以学界关于职业生涯体验的研究尚不多见。

### （一）职业体验的学理性研究

高瑜、黄廷美（2019）对我国近十年来中小学职业体验研究做了综述。❶从概念上说，关于职业体验理解国内有四种主要观点：侧重职业属性的实践活动是认知和了解职业的体验活动；侧重于心理认知与职业认知相结合的实践过程；侧重于感知职业的认知方法；侧重于协助青少年认知职业喜好的自我觉知体验。从特征上说，职业性是独特特性，体验性是根本特点，教育性是价值追求。从教育价值来说，对于儿童来说，人与自我、人与社会、人与职业的三对关系贯穿体验中。程宇指出❷，2016年继续开展"弘扬工匠精神，打造技能强国"为主题的职业教育活动周，标志着"职业教育活动周"作为国家制度性、常态性活动的确立。陈威和程辉认为综合实践活动课程具有实践性、综合性、自主性等特点，加入了职业体验活动，一方面是对传统教育的内容的延伸，弥补了传统教育方式的缺失，为青少年提供了体验社会职业的机会，另一方面也填补了课堂教育中培养学生社会适应性的教育缺口。❸

---

❶ 高瑜，黄廷美.近十年来我国中小学生职业体验研究综述［J］.当代职业教育，2019（5）.

❷ 程宇.职业教育活动周：社会观念变革与思想启蒙——关于职业教育活动周的解读与思考［J］.职业技术教育，2016（15）：15-19.

❸ 陈威，程辉.体验"小职业"感受"大社会"规划"我人生"——浅谈综合实践活动课程中的职业体验活动设计与实施［J］.新课程（下），2014（7）：3.

（二）职业体验的价值意蕴研究

随着中小学综合实践课程将职业体验作为四种主要活动方式之一，已有研究从理论上、意义上、实践案例上围绕职业体验进行了价值要素研究。一方面学者们的关注点在于逐渐发现并肯定职业体验的价值所在。另一方面，由于当前我国职业生涯教育起步晚，职业体验教育规模尚未成熟，其价值性很难引起足够重视。

黄琼（2018）解读了《中小学综合实践活动课程指导纲要》的职业体验的关键要素，认为职业体验能帮助中小学生认识职业世界、促进自我认知，树立正确的劳动观念。❶李小玲（2019）依据黄琼的解读，进一步展开小学综合实践活动课程职业体验全过程实施初探，开展角色扮演式职业体验，这种方式在综合实践活动型的职业体验中普遍，对青少年职业体验意义凸显。❷

张小红认为我国中小学职业生涯教育缺失的主要原因是对职业生涯教育理解不透彻，与职业指导、职业教育混为一谈，从而忽视了职业生涯教育，其关键问题是没有清楚地认识到在小学阶段推进职业生涯教育的重要性及其价值。❸除此之外，张露在其研究中指出"一考定终身"的教育思维让学生、家长和学校过多地关注考试成绩，与高考无关的职业生涯课程很难落到实处。❹

（三）职业体验的实现路径研究

职业体验课程开发的原则、整体目标和阶段性目标、课程框架、内容设计和过程设计是职业体验的实现路径的重要载体。万平指出，小学职业体验教育属于综合实践活动课程范畴，并详细介绍了开展职业体验活动课程的一系列流程，包括游戏导入、汇报职业调查情况、谈职业体验感受、谈长大后的职业理想。❺陆浩指出儿童职业体验馆亮相世博会，强调了职业规划教育应从孩子抓起，并提出相关教育内容纳入教学计划之中，将职业启蒙、职业规划教育贯穿于教育的全过

---

❶ 黄琼.中小学职业体验活动要抓住关键要素——《中小学综合实践活动课程指导纲要》"职业体验"主题解读［J］.人民教育，2018（Z1）：68.

❷ 李小玲.职业体验：岗位小练兵让梦想贴近现实——小学综合实践活动课程职业体验全过程实施初探［J］.综合实践活动研究，2019（1）：65—67.

❸ 张小红.我国职业生涯教育：现状及归因［J］.景德镇高专学报，2010（1）：81—82.

❹ 张露.中学物理课程教学中融入职业生涯教育的研究［D］.成都：四川师范大学，2017.

❺ 万平.小学职业体验教育的课程化设计与实施［J］.教学与管理，2017（26）：15—17.

程。❶其次，家校合作也是增强职业体验效果的途径，郑舒丹认为父母可以和孩子讲解自己的工作内容，分享工作中发生的趣事，以及从工作中获得的挫败感和成就感，促进孩子对职业的了解。❷

在课程内容方面，学者研究较多，综合起来主要有自我认知、职业认知、职业兴趣探索以及职业能力培养等内容。董珉等人通过借鉴美国的中小学职业生涯教育课程内容后，提出小学阶段应主要培养学生的职业意识和自我意识，在小学阶段就应丰富学生的职业情感体验和职业要求认知，学会尊重他人的劳动价值。❸

（四）职业体验教育的困境与对策研究

部分学者通过研究发达城市的小学实施职业生涯教育的状况，指出了已有的小学阶段职业生涯教育课程目标、课程内容、课程实施、课程评价等方面存在的问题，这些问题有：第一，在课程目标方面，原国家教委基础教育司在《普通中学职业指导纲要（试行）》中只对中学职业生涯教育的课程目标做出了具体规定，但是并没有明确指出小学职业生涯教育的课程目标。学者陈琛认为小学职业生涯教育的课程目标应分阶段制定。第二，在课程评价方面，有关职业生涯体验教育课程评价方面的研究较少。蔡文艺（2019）以小学高段职业体验启蒙课程的设计与实施，提到职业体验实施质量评价在于学生完成一个作品、一份研究报告。这是一个新的领域：职业体验的实施评价。❹

其他研究者认为职业生涯教育作为选修课，不需要以考试成绩作为评价结果。但是，不能由于不评价就不实施职业生涯教育，职业生涯教育课程评价研究的缺失需要引起日后研究者的足够重视。除此之外，还有学者指出，在已有的职业生涯教育中缺乏针对性，还未构建针对不同年龄特点的职业生涯教育框架。针对我国小学职业生涯教育提出的对策，主要从学校和社会两方面建议。鄢木秀认为，一方面学校要发挥其主导作用，增强教师职业生涯意识和能力，开设职业

❶ 陆浩.职业规划教育应从孩子抓起——由儿童职业体验馆亮相世博会所想［J］.中国大学生就业，2010（9）：34-35.

❷ 郑舒丹.论儿童职业体验的意义［J］.新课程研究，2017（6）：110-111.

❸ 董珉，向丽，祝文慧.基础教育阶段推行职业生涯教育的问题与对策——以武汉市为个案的调查与分析［J］.教育发展研究，2007（2）：54-55.

❹ 蔡文艺.走向未来：小学高段职业体验启蒙课程的设计与实施［J］.综合实践活动研究，2019（4）：42.

生涯教育课程，开展形式多样的社会实践活动；另一方面家庭要积极参与和协作，社会要营造良好的职业生涯教育氛围。❶唐植君建议从政府、教育主管部门、社会企业角度保障职业生涯教育的体系建设，要建立并不断完善小学职业生涯教育课程体系上适时开设职业生涯教育课程，将职业生涯教育渗透到各学科教育教学之中。❷

（五）国外职业体验教育的经验和启示研究

刘倩、胡秀梅（2018）通过文献综述法对日本的职业体验的做法和经验、日本职业体验的背景和措施、成果进行了总结。❸源于20世纪末日本遭遇经济危机后，为了迅速融入经济全球化，日本从单一学校模式变成由政府主导的、自上而下式的职业指导模式。陈海娜（2017）从教育学的角度分析德国职业体验课程，❹探讨其中蕴含的教育理念，为技工教育的发展学习借鉴。德国规定全科中学为每个8年级学生必须安排职业体验课程，涵盖300多个类别工种。栗新通过研究美国小学职业生涯教育，指出美国小学阶段职业生涯教育的目标包括三方面：自我认识、教育探索和职业生涯探索、职业生涯规划，小学职业生涯教育的定位为职业了解。❺徐爱新等人研究日本小学职业生涯教育，指出日本小学通过一系列的体验活动培养学生进行调查分析的能力、学会关心他人、树立个人理想、对未来生活充满希望，在小学阶段就培养重视劳动、努力工作的态度。❻孙宏艳指出自2010年起，新加坡政府就为小学五、六年级开发了一个"教育与职业生涯规划"系统，里面包含了关于职业的各个内容，如职业要求、平均收入、职业性质，以及人们工作时的照片。❼

---

❶ 鄢木秀.中国小学阶段职业生涯教育问题探究［J］.经济研究导刊，2011（27）：320–321.

❷ 唐植君.日本小学职业生涯教育的本土化及启示［J］.教学与管理，2015（26）：58–59.

❸ 刘倩，胡秀梅.日本职业体验的经验与启示［J］.经济研究导刊，2018（13）.

❹ 陈海娜.德国职业体验课程的教育理念分析及其启示［J］.广州广播电视大学学报，2017（6）：18–21.

❺ 栗新.美国小学职业生涯教育管窥［J］.教学与管理，2015（20）：57–58.

❻ 徐爱新，安月辉，于伟娜.解析日本的职业生涯教育［J］.教育与职业，2011（18）：81–83.

❼ 孙宏艳.我国职业生涯规划教育应端口前移——基于中美日韩高中生职业生涯规划教育的研究［J］.教育科学研究，2013（8）：52–57.

## 三、研究述评

职业体验教育起源于美国，发达国家的职业体验教育自下而上，国家层面的体系完善、科学，出生开始即进入职业生涯，各种职业体验教育实践丰富，尤其关于青少年方面。这些国外的理论和做法为国内学者的研究提供了有力支持，提供了许多可供参考的经验。如关于"小学生职业意识"的定义，目前国外小学生职业生涯教育内容有侧重于职业认知；有侧重于为了未来职业能力的培养，尤其沟通能力培养；有侧重于自我认知发展。如职业体验活动的评价，日本对职业体验的教学评价给了可供参考的做法。这些国外的成熟的做法为我国提供了很好的借鉴。

中国的职业体验教育自21世纪以来开始被关注。经过十多年的发展，2017年以来，职业体验教育的相关内容陆续纳入国家层面的职业教育、高中教育、义务教育的教育文件中。通过文献查阅可以看出，职业体验教育正在从大学逐步向初高中阶段渗透，人们对职业体验教育的认识也越来越多。关于小学职业教育学界已开始关注，已经有学者对小学生职业体验、职业生涯教育进行研究，但是还没有一套系统的学习方法指导小学依托职业体验，开展职业生涯教育。随着职业体验教育的地位提高，青少年职业体验教育实践方面的研究也越来越多，越来越被学校重视，上海等地有区域性实践，甚至有些地方会派教师到国外考察学习。然而，我们不难发现，国内研究尚处于引入国外理念和经验的阶段，近十年来，职业体验教育的研究也是从介绍国外经验做法、强调实施必要性开始，基本做法就是通过社会、学校，更多是学校体系，完成职业认知的培养。2017年以综合实践课程为基础，国内的专家进行了职业体验内容解读，学校教师进行了实践。但以上研究多是理论和经验性总结，实践研究少，本土化实施还在起步阶段，对青少年职业意识培养方面的研究则更少。

## 第四节 我国青少年职业体验教育的发展历程与政策分析

### 一、我国青少年职业体验教育的发展历程

#### （一）职业体验教育平台建设和运行的"中心模式期"

职业体验教育理念兴起，商业化的职业体验馆的出现，标志着中国儿童职业生涯体验行业的起步。2019年1月，国务院《国家职业教育改革实施方案》指出，为提高中职学校的发展水平，鼓励中职学校联合中小学开展职业启蒙教育，说明在中职学校联合中小学（阶段）开展学生职业体验教育越来越受到重视，这不仅是中职学校发展的一种路径，也是普职融通的一种方式。

在职业体验中心等平台的建设上，一种是院校合作成立的职业体验中心。2007年，我国最早的儿童体验馆在杭州建成。2014年4月，上海市中职学校和实训中心合作成立上海市首个职业体验中心。2016年11月，宁波市学生职业体验拓展中心正式启用等。另一种是学校独立成立特色职业体验中心。江苏省通州中等专业学校成立工业机器人职业体验中心，如东中等专业学校成立中德合作现代制造业职业体验中心，杭州职业技术学院成立青少年职业能力体验中心等❶，标志着生涯教育进入中心模式期。

#### （二）职业体验课程开发和实施的"资源集聚期"

课程是实施职业体验教育的重要载体，是实现普职教育融会贯通的必要支撑。课程设置方面，目前中小学的许多职业启蒙教育活动仅停留于浅层次的开展，内容

---

❶ 胡怡、陈选能.中职学校参与中小学职业体验教育研究［J］.新疆职业教育研究，2022（1）：49–52.

交叉、重复甚至呈现一种无序的状态。学生获取职业知识大多呈现碎片化态势，并未完整构建正确的职业观，以致学生对职业的认知大多处于朦胧和个人构想状态。

这一阶段需要体验中心的研发团队与高校和科研机构合作，以整体性视角针对不同发展阶段的学生职业启蒙教育需求，通过研制课程标准与教师专业标准促成各类高质量职业体验教育资源集聚。围绕职业认知、职业倾向、职业探索、生涯指导等不同板块，提供"一站式"职业体验课程和指导。在职业认知模板，提供霍兰德、MBTI等测试，帮助学生探究职业兴趣与人格之间的相关性测试。在职业倾向、职业探索模块，开发职业类型、职业群和职业情境主题的体验项目，学生在真实情境中获得职业体验、形成职业认知。在个性化职业指导服务方面，提供四大类团体辅导和典型问题的个体辅导等，扩大课程覆盖率和适切性。

（三）职业体验活动实践和反思的"循环改进期"

要保证良好的职业体验效果，必须做到从初步体验到结合课堂总结讲授，再到第二次的职业体验，再到课堂理论在实际体验中融会贯通，这样循环往复四到五次，将理论实践有机地结合。对于青少年群体来说，职业体验不只是学习工作技能和积累工作经验的机会，职业体验还有它本身的内涵。岗位体验后，应该主动思考：我在本次工作实践中学到了什么？工作中最重要的能力是什么？对于职业体验教育教师，既是学习情境的建构者、学生身心的动员者，也是活动的组织者、引导者和实践者，必须具备专业的理论知识和实践能力，不断改进职业体验教育的教学过程。在此阶段，我们必须认识到青少年职业发展与就业指导工作是一个系统工程，需要从多方面进行不断地完善和改进，在推进教学改革的进程中，要客观地认识和分析所面临的新环境，做好顶层设计和制度建设，协调好学校、企业和学生三者之间的关系，充分整合校内外资源，围绕青少年职业体验教育的培养目标稳步推进。

## 二、我国青少年体验教育的政策分析

改革开放四十多年来，我国职业教育波澜起伏，通过快速发展，初步建立起了现代职业教育体系，培养了大批高素质技能人才。其中，细分关于我国职业体验教育政策内容较为笼统，没有对职业体验教育的具体规划和明确阐释。因此，本章节梳理职业体验教育政策，以期窥探职业体验教育发展趋势及尚存在的不足，对于深入认识中国需要发展一个什么样的职业教育、中国应该怎样发展职业体验教育有着重要意义。

（一）国家层面

近年来，国家颁布了一系列政策推动"职业体验"教育的发展。2016年年底，教育部等11部门印发了《关于推进中小学生研学旅行的意见》（以下简称《意见》），要求各地将研学旅行摆在更加重要的位置，推动研学旅行健康快速发展。2017年的《中小学综合实践活动课程指导纲要》（以下简称《指导纲要》），综合实践活动内容最大的变化就是增加了"职业体验"模块，并根据不同的年龄阶段确定了具体的学段发展目标。《指导纲要》明确指出，"通过自觉参加班团活动、走访模范人物、研学旅行、职业体验活动，组织社团活动，深化社会规则体验、国家认同、文化自信，初步体悟个人成长与职业世界。"文件中正式提出了"职业体验"的概念，之后"职业体验"在文件中频频出现。

事实上，在《国家教育事业发展"十三五"规划》中，职业启蒙教育的相关内容也出现在"巩固提高中等职业教育发展水平"段落里。[1]2018年，中央深改组会议审议通过《国家职业教育改革实施方案》。职业启蒙、职业认知和职业体验等概念也在此背景下不断深化。在如今现代经济高速发展的社会，开展职业生涯启蒙教育是新时代赋予教育改革的历史使命。

2019年，《国家职业教育改革实施方案》鼓励中等职业学校联合中小学开展劳动和职业启蒙教育，将动手实践内容纳入中小学相关课程和学生综合素质评价。《国务院办公厅关于新时代推进普通高中育人方式改革的指导意见》中，通过学科教学渗透、开设指导课程、举办专题讲座、开展职业体验等对学生进行指导。注重利用高校、科研机构、企业等各种社会资源，构建学校、家庭、社会协同指导机制。高校应以多种方式向高中学校介绍专业设置、选拔要求、培养目标及就业方向等，为学生提供咨询和帮助。2020年3月20日国务院发布《关于全面加强新时代大中小学劳动教育的意见》明确指出，普通高中要注重围绕丰富职业体验，开展服务性劳动、参加生产劳动，使学生熟练掌握一定劳动技能，理解劳动创造价值，具有劳动自立意识和主动服务他人、服务社会的情

---

❶ 陈鹏.职业启蒙教育的价值意蕴［J］.教育与职业，2019（12）：12—18.

怀。不难看出，新高考改革过程中，不同内容政策均涉及学习相关技术，获得初步的职业体验，形成初步的生涯规划意识等职业体验相关内容。2021年《职业教育法（修订草案）征求意见》第十七条，"县级以上人民政府教育行政部门应当支持和鼓励普通中小学根据实际需要增加职业教育的教学内容，开展职业启蒙、职业认知、职业体验与劳动技术教育，并组织、引导职业学校、职业培训机构、企业和行业组织等为其提供条件和支持"。引导学生进行职业体验活动是帮助学生明确未来的发展方向，激励学生朝着这一目标不断努力的重要实施途径。❶

由此可见，近年来，职业教育领域在国家顶层政策的支持和鼓励下积极努力探索，职业院校在发现、培养学生职业兴趣、职业认知、职业倾向，指导学生职业规划，促进学生全面发展的过程中可以大有作为。由此可见，学校开展职业体验课程及活动对学生教育具有重要意义。

（二）各省级相关政策文件

以中共中央国务院《关于全面加强新时代大中小学劳动教育的意见》、教育部《大中小学劳动教育指导纲要（试行）》为指南，各省级政策措施相继出台。如中共福建省委教育工作领导小组印发《关于全面加强新时代大中小学劳动教育的实施方案》的通知中指出，普通高中要增加围绕职业体验，开展服务性劳动和生产劳动。学生适当开展职业训练，参加创新实践，增强生涯规划的意识和能力，具有劳动自立意识和主动服务他人，服务社会的情怀。2021年，四川省教育厅等10部门关于印发《全面加强新时代大中小学劳动教育实施方案》的通知，提出："普通高中注重培养劳动情怀和丰富职业体验教育。"河南省教育事业发展"十四五"规划中明确表述："加强职业学校思想政治教育。建设5个左右职业教育红色文化研学旅行示范基地。开展职业意识及通用技术技能教育，推进职业体验教育。构建大中小学衔接的劳动教育体系。创建一批劳动教育特色学校和劳动教育实践基地，建立专兼职结合的劳动教育教师、教研员队伍。"

为全面贯彻全国职业教育大会精神，认真落实教育部、国家发展改革委、工业和信息化部、财政部、人力资源和社会保障部、农业农村部、国务院国资委、

---

❶ 宗诚. 中小学生开展职业体验——职业教育大有可为［N］. 人民日报，2021-08-09.

国家税务总局、国务院扶贫办印发的《职业教育提质培优行动计划（2020—2023年）》（教职成〔2020〕7号），结合《浙江省深化产教融合推进职业教育高质量发展实施方案》《关于实施新时代浙江工匠培育工程的意见》《浙江省教育事业发展"十四五"规划》《浙江省职业教育"十四五"发展规划》，制定浙江省职业教育提质培优行动计划（2021—2023年），鼓励职业学校建好用好新型宣传平台，讲好身边的职教故事。常态化开展职业学校校园开放、企业开放日、面向中小学生的职业体验、面向社会的便民服务、职教成果展示等宣传展示及服务活动，提升职业教育的影响力和美誉度。

（三）直辖市政策文件

1.北京《关于加快发展现代职业教育的实施意见》

促进职业教育与普通教育相融通、职业教育与继续教育相衔接。充分利用职业院校办学资源开展大中小学生职业体验教育，增强学生的职业认知和实践动手能力。改革完善课程教学体系。坚持把德育工作放在首位，把社会主义核心价值观的基本要求融入教育教学全过程，注重实践教育、体验教育和优秀传统文化教育。

2.天津"十四五"教育事业发展规划

把劳动教育纳入人才培养全过程，充分发挥劳动综合育人功能，以劳树德、以劳增智、以劳强体、以劳育美、以劳创新，大力开展学生生活实践、劳动技术和职业体验教育。根据各学段特点，在大中小学开设劳动教育必修课，在职业院校和普通高等学校增设选修课。

3.上海市学生职业（生涯）发展教育"十二五"行动计划

建立覆盖全面的学生职业（生涯）发展教育组织实施体系以完善高等学校和中等职业学校学生职业发展教育为重点，充分依靠高等学校和中等职业学校，积极争取政府相关部门和社会各界的支持，形成全社会多方合力、协调共建的有利于学生职业（生涯）发展教育工作推进的共同愿景。

## 三、我国职业体验教育政策述评

从国家层面的职业体验教育政策内容和表述与省市政策要求导向，以及发达国家和我国的职业体验教育相关政策的对比中可以看出，我国对职业体验教育的重视程度不断提升，但政策出台起步晚，内容相对空泛，缺乏培养目标、评价标准等部分的具体规划，容易造成现有政策执行力的弱化。

（一）政策出台起步晚，法律保障持续推进中

相比发达国家，我国近五年才开始逐步提升对职业体验教育的重视程度，出台相关政策和实施办法，不单单将职业体验教育作为促进职普沟通的一种手段，而是有助于培养青少年形成职业意识，初步了解各个职业的工作任务和从业要求，探索符合自己兴趣和能力的职业，确立初步的职业目标的重要途径。而在立法方面，美国于1974年通过了第一个生涯教育法案《生计教育法》，职业启蒙教育作为生涯教育的初级阶段以立法的形式得以确定。我国1996年5月15日第八届全国人民代表大会常务委员会第十九次会议通过《中华人民共和国职业教育法》，十三届全国人大常委会第三十四次会议2022年4月20日表决通过新修订的职业教育法，2022年5月1日起施行，这是职业教育法制定近26年来的首次修订，对推动职业教育高质量发展，提高劳动者素质和技能水平，促进就业创业，培育劳模精神、劳动精神、工匠精神，建设教育强国、人力资源强国和技能型社会具有重要意义。

（二）政策内容较为宏观，缺乏职业体验教育的具体规划

在我国的相关政策文件中，对职业体验教育的表述多为：类似于"适时引入、大力开设职业启蒙、职业发展辅导和职业技术课程""达到普职融通共同愿景""培养学生职业兴趣和职业意识""开展初等职业教育和职业预备教育"这一类呼吁和宏观目标，政策内容空泛，缺少培养目标、评价标准等部分的具体阐述和规划，导致政策内容缺乏对职业体验效果评价的规定，职业体验教育的实施效果不得而知、很难评定。❶

---

❶ 杨师缘.中美职业启蒙教育比较——基于政策内容分析的视角［J］.现代职业教育，2015（25）：66–67.

第 二 章

# 高职院校开展青少年 职业体验的实践

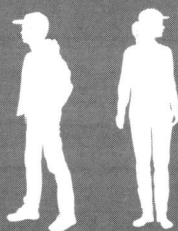

职业体验，顾名思义是通过亲身实践来认识各种职业。❶它将学习与学生未来的职业生活联系起来，是《中小学综合实践活动课程指导纲要》所规定的四种主要活动方式之一，也是生涯教育、劳动教育的重要途径和促进职业启蒙教育的重要形式。高职院校在开展职业体验方面具备天然的优势，可以弥补中小学开展职业体验面临的课程、师资、场所等方面的资源短板，肩负着培养青少年职业兴趣、职业认知，引导青少年树立职业理想与职业价值观的重任。高职院校开展青少年职业体验，是贯彻《中华人民共和国职业教育法》精神的使命担当，建设高质量现代职业教育体系的必然要求，促进职业教育与普通教育相互融通的重要举措，推动高职教育资源面向基础教育开放的有效途径，增强高职院校社会服务能力和影响力的创新方式，实施素质教育和促进学生全面发展的迫切需要。

近年来，高职院校在国家顶层政策的支持和鼓励下积极探索，在职业体验中心建设、职业体验活动开展、职业体验课程开发等方面积累了一些经验做法，但在制度、认识、理论和实践方面仍然存在一些现实困境，亟须采取措施突破。

本章在厘清高职院校开展青少年职业体验的现实使命基础上，归纳高职院校开展青少年职业体验的主要做法，深刻剖析高职院校开展青少年职业体验的现实困境，进而提出高职院校开展青少年职业体验的对策建议，旨在为我国破解高职院校开展青少年职业体验现实困境提供思路和借鉴。

## 第一节 高职院校开展青少年职业体验的现实使命

职业体验是劳动教育、职业启蒙教育的基石，是青少年成长的重要环节，在人一生当中处于无可替代的地位。高职院校开展青少年职业体验，是高职院校展示

---

❶ 李丰.儿童的职业体验与生涯辅导［J］.人民教育，2010（17）：50–51.

自己一次难得的机遇，是党和国家的要求，也是时代的呼唤和现实的使命。

## 一、贯彻《中华人民共和国职业教育法》精神的使命担当

2022年4月20日，第十三届全国人民代表大会常务委员会第三十四次会议通过了新修订的《中华人民共和国职业教育法》，该法自2022年5月1日起施行。该法第十九条明确规定"县级以上人民政府教育行政部门应当鼓励和支持普通中小学、普通高等学校，根据实际需要增加职业教育相关教学内容，进行职业启蒙、职业认知、职业体验，开展职业规划指导、劳动教育，并组织、引导职业学校、职业培训机构、企业和行业组织等提供条件和支持"。这一规定，把职业教育贯通人的全生命周期发展的理念和战略转化为法律规范，赋予了高职院校开展青少年职业体验的法律责任，也为高职院校开展青少年职业体验明确了目标与方向，提供了法律基础和法治保障。因此，高职院校要充分发挥自身的职业教育资源优势，积极开展青少年职业体验，这是不容推卸的法律责任和使命担当。

## 二、建设高质量现代职业教育体系的必然要求

当前，我国建立了世界上规模最大的职业教育体系，为经济社会发展提供了重要的人才和技术技能支撑。然而，职业教育还存在自身质量不高、层次结构不完善、与经济社会发展融合不深等突出矛盾和问题。"十四五"时期，作为与经济社会发展结合最为紧密的教育类型，职业教育迎来了承担历史使命实现高质量发展的重要战略窗口期。高质量职业教育体系是职业教育新发展阶段的标志，是推动现代职业教育高质量发展的关键所在。基于大职教观的视野，现代职业教育体系不仅包括职业准备教育和职业培训，还应包括渗透基础教育阶段的职业启蒙教育。❶而职业启蒙教育在很大程度上是以职业体验为中介来实现的，以美、英等国的生涯教育为例，其本质就是在义务教育阶段开展职业体验教育，让青少年儿童从小对各种职业进行不同的体验而完成从职业启蒙到职业生涯生活的完美过渡。职业体验作为开展职业启蒙教育的纽带和依托，是现代职业教育体系中重要的一环。因此，高职院校开展青少年职业体验是建设高质量现代职业教育体系的必然要求。

---

❶ 陈鹏. 职业启蒙教育的价值意蕴［J］. 教育与职业，2019（12）：12–18.

### 三、促进职业教育与普通教育相互融通的重要举措

普通教育与职业教育融通发展是实现职业教育现代化的关键一步，也是当前教育改革的重要内容，已成为党和政府提倡的重要方针。2021年，中共中央办公厅国务院办公厅印发的《关于推动现代职业教育高质量发展的意见》中，明确提出"加强各学段普通教育与职业教育渗透融通"。2021年全国职业教育大会强调在全面建设社会主义现代化国家新征程中，要推动普职融通。教育与职业具有天然联系，普职融通实施的落脚点在普通中小学。❶职业是人类生存和生活的必需，帮助中小学生进行职业探索和职业体验，让他们学会自我设计、自我规划，迈好人生第一步，是世界普通教育改革与发展的主题之一。联合国教科文组织在2001年的《修订的关于技术与职业教育的建议》中指出"帮助学生初步了解技术和职业……是普通教育不可或缺的重要组成部分……它应该从初等教育就开始，并一直贯穿到中等教育前几年的课程"。高职院校展开展青少年职业体验，让中小学生走进高职院校，在仿真的劳动场景中学习技能、参与劳动、认知职业、规划生涯，可以弥补中小学开展职业体验的不足，在基础教育与职业教育间架起沟通桥梁，有效促进普职融通。

### 四、推动高职教育资源面向基础教育开放的有效途径

发展理念是否对头，从根本上决定着发展成效乃至成败。创新、协调、绿色、开放、共享是我国在深刻总结国内外发展经验教训的基础上形成的新发展理念，集中反映了我们党对经济社会发展规律认识的深化，也为高等职业教育改革发展指明了方向。在开放、理念的影响下，国家先后出台多项政策，明确新时代高职院校应承担的历史角色与任务。2015年，教育部与人力资源和社会保障部联合印发了《首届全国职业教育活动周相关工作的通知》，提出"各类职业院校开放校园，面向中小学生、家长和社区居民开展职业体验、观摩教育教学成果"。2017年，国务院印发《关于深化产教融合的若干意见》，提出"鼓励职业院校实训基地向普通中学开放"。2019年，国务院印发《国家职业教育改革实施方案》，提出"鼓励职业院校联合中小学开展劳动和启蒙教育""面向先进制造业等技术技能人才紧缺领域，统筹多种资源，建设若干具有辐射引领作用的高水平专业化

---

❶ 俞启定.论普职融通实施的落脚点在普通中小学［J］.中国教育学刊，2019（3）：17-21.

产教融合实训基地，推动开放共享，辐射区域内学校和企业"。可见，推动高职教育资源面向基础教育开放在政策层面得到了国家的大力支持。高职院校开展职业体验是推动高职教育资源面向基础教育开放的有效途径，也是推进教育公平的重要举措，对于提升中小学综合实践活动课程、劳动与技术课程学习实施水平具有重要意义。

## 五、增强高职院校社会服务能力和影响力的创新方式

在我国，虽然国家把职业教育作为促进经济、社会发展的重要基础和教育事业发展的战略重点，但在现实中社会对职业教育长期存在偏见和歧视，职业教育在人们观念中往往处于"次等教育"地位，使职业教育成了教育系统中的边缘性存在，高职院校也处于高等教育人才培养链的末端。要想改变这种传统观念，提高职业教育的社会地位，需要从社会大众的职业认知问题入手。高职院校开展青少年职业体验，为家长和中小学生了解职业教育创造了条件，有助于引导家长和中小学生了解职业教育，培养中小学生职业兴趣与职业认知、树立科学的职业理想与职业价值观，普及职业理念和教育观念，对于改变人们对职业教育的刻板印象有着很好的促进作用。社会服务职能是高职院校存在与发展的社会基础。《国家中长期教育改革和发展规划纲要（2010—2020年）》明确指出，在高等教育院校办学及发展过程中，要不断增强社会服务能力。作为我国劳动力市场技术型、应用型人才的培养基地，高职院校社会服务职能的重要性更加突出。高职院校开展青少年职业体验，有助于提升高职院校的社会服务能力、改善高职院校社会形象，从而增强高职院校的社会吸引力和影响力。同时，高职院校开展青少年职业体验，也有助于职业教育体系向下延伸，为培养更多高素质技能人才、能工巧匠、大国工匠打下基础。

## 六、实施素质教育和促进学生全面发展的迫切需要

党的十八大报告提出，全面实施素质教育，着力提高教育质量，培养学生社会责任感、创新精神、实践能力。全面实施素质教育是贯彻党的教育方针的根本要求。"培养什么人，怎样培养人"是教育中带有全局性和方向性的重要问题，教育的核心任务就是要坚持德育为先、能力为重、全面发展，真正把提高学生素质、促进学生健康成长作为学校一切工作的出发点和落脚点，关心每个学生，促

进每个学生主动地、生动活泼地发展。2017年，教育部《中小学综合实践活动课程指导纲要》指出，职业体验教育是中小学综合实践活动实施的四种方式之一。中小学是学生认识自我、探索环境的重要阶段。随着自我意识形成和社会性发展，"职业"这一联系个人与社会的纽带，逐渐进入他们的视野。职业体验与职业生活密切相关，是一种联系职业、联系生活的活动，也是学生了解未来职业和未来生活的重要路径❶，是中小学职业生涯教育和学生发展指导的实践内容，为学生的生涯规划提供必要的实践基础。职业体验具有面向职业生活和劳动世界的特点，是将教育与生产劳动相结合的重要手段。中共中央国务院《关于深化教育教学改革全面提高义务教育质量的意见》指出"充分发挥劳动综合育人功能，制定劳动教育指导纲要，加强学生生活实践、劳动技术和职业体验教育"。职业体验具有面向职业生活和劳动世界的特点，是将教育与生产劳动相结合的重要手段。高职院校开展青少年职业体验，让学生学习必要的职业知识和技能，通过职业体验帮助学生形成健全人格和良好的思想道德品质，树立正确的职业观、劳动观和人生观，培养学生生涯规划意识与能力、动手实践与创新能力，并根据自身兴趣、能力进行职业选择，这样有助于促进学生全面发展和健康成长，让每一个学生成为更好的自己。

---

❶ 闫孟宇，庞聪颖，杨海华. 具身认知理论导引下职业体验教育的实践路径［J］. 当代职业教育，2022（2）: 67-73.

# 高职院校开展青少年职业体验的主要做法

近年来，在国家顶层政策的支持和引导下，国内高职院校越来越意识到开展青少年职业体验的重要性，通过建立中小学职业体验中心、创设真实职业情境和体验岗位、开展多种形式的职业体验活动面向中小学设计职业体验课程等多种途径，做了一些探索实践，积累了一些经验做法，为高职院校开展青少年职业体验提供了难得的实际案例。

## 一、建立中小学职业体验中心

为了实现更高质量的职业体验，各地高职院校纷纷建立中小学生职业体验中心。中小学生职业体验中心是依托高职院校现代化实训基地，面向中小学生开展不同层次职业体验的场所。不同年龄段的体验项目让中小学生通过虚拟仿真、交互体验、实际操作等手段进行沉浸式体验，学生在体验过程中学习职业知识，实操职业技能，形成基本的职业自我认识，以初步培育起职业的兴趣。高职院校建立中小学生职业体验中心在彰显职业教育责任担当的同时，也实现了高职院校资源共享、服务社会的目的。总体来看，高职院校建设中小学生职业体验中心有三种形式。

第一种：高职院校单独新建。例如，杭州职业技术学院立足于学院优质资源、场地条件和充分发挥学校各院系的专业优势，以公益为基础，以产业为核心，以效率为目标，以"新"品位、"新"时尚、"新"元素、"新"观念、"新"文化、"新"视野、"新"角度、"新"媒体的全新理念共同建设和打造以职业辅导、实践体验、能力训练三位一体的"青少年职业能力体验中心"，下设青少年儿童职业能力体验集散中心、青少年儿童职业梦想体验中心、青少年文化创意产业成长中心。该中心致力于让青少年儿童通过动手动脑，做中想，想中学，学中做，互动体验式感受职业教育，在成长过程中构筑人生梦想。

第二种：高职院校联合普通高校以及行业企业建设。例如，常州信息职业技术学院联合华东师范大学、清华大学、东南大学、南京大学等多家双一流高校以及行业领先企业共同成立人工智能与时空信息综合感知中心。该中心2019年12月被认定为常州市中小学生职业体验中心，2020年8月被认定为江苏省中小学生职业体验中心，2020年7月常州市教育局、常州市科学技术协会成为中心业务指导单位。该中心以推动职业教育资源面向基础教育开放，提升中小学综合实践活动课程、劳动与技术课程学习实施水平，促进普职融通，深入实施素质教育为使命，构建相对完备的中小学生职业体验产品体系。围绕"人工智能""时空信息"国家重点工程为主题，根据中小学生不同的需求，分层设置不同年龄段的职业启蒙教育课程，针对性地传播科普知识，拓展职业培训，以满足中小学生不同层次的职业体验要求。该中心引进了VR沉浸式教学系统、拥有无人机、RoboMaster、Dash青少年编程机器人、Ninebot、CellRobot等多品牌教育智能产品，学生可通过虚拟仿真、交互体验、实际操作等方式，全面、立体地感知教学体验。该中心现已服务数十家中小学，近万名中小学生。

第三种：高职院校联合中职、中小学、行业企业建设。例如，苏州市职业大学联合江苏省吴中中等专业学校、江苏省外国语学校、苏州市吴中区越溪中学、沧浪新城第四实验小学、莱克电气股份有限公司、江苏汇博机器人技术股份有限公司、苏州市艺创科技有限公司成立了智能制造职业体验中心。该中心建筑面积为$3460m^2$，拥有可以容纳150人的培训教室一间，可以容纳50人以上的理论实践一体化培训教室10间，工位数达到800个以上。该中心重点依托职业院校设计、建造一批师资充足、课程完备、体系健全、运营良好的中小学生职业体验中心，旨在适应从小学到高中不同层级的智能制造教育，培养学生的兴趣，让有兴趣、有志趣的学生能进一步开启探索的欲望和动力。

## 二、创设真实职业情境和体验岗位

高职教育作为一种沟通教育与工作之间桥梁的教育，注重真实的职业环境与情境创设，使学生通过切身体会感受职业工作环境来增强职业体验。因此，一些高职院校通过创设适合中小学生认知特点的真实职业情境和体验岗位，让学生直接参与体验过程。这种方式以体验式学习过程为基础，可以让学生置身于真实职业情境之中，参与到岗位中去体验，从而获得相应的真切认知与情感体悟。下面以盐城工业职业技术学院和石嘴山工贸职业技术学院为例。

盐城工业职业技术学院融科普、生活、学习、娱乐于一体，以汽车零部件为载体，开发了汽车构造、3D打印、减材加工等系列职业体验课程模块，创设了智慧制造真实职业情境和体验岗位，让中小学生通过参与体验项目，走入职业情境，感受职业文化、培养职业兴趣，在体验中学习职业知识，掌握职业技能，形成职业意识，提升职业素养，寻找适切的职业方向。

石嘴山工贸职业技术学院于2021年举办了"中小学职业技能体验"活动，邀请了石嘴山市隆湖中学和府佑水乡小学的学生参加职业技能体验。该学院立足专业特色，对接本市特色产业，创设适合中小学生认知特点的真实职业情境和体验岗位，开展别开生面的教育活动，使学生们走出学校、亲近社会，在实践中增长了见识、培养了能力、激发了劳动热情，同时引导学生们树立正确的职业观、劳动观和人生观，让学生们乐在其中、受益良多。

## 三、开展多种形式的职业体验活动

职业体验活动是高职院校开展职业体验的载体，是帮助学生认识职业、体验职业和形成职业规划能力的基础。要实现预期的教育效果，活动的开展就不能过于盲目、随意，需要从整体上确定职业体验教育目标，系统设计职业体验活动内容和形式等。职业体验活动的形式比较多样化，针对不同的需求可以开展不同类型的体验活动。

从具体实践来看，高职院校开展职业体验活动的形式主要包括以下三种。一是参与型。这是职业体验活动中主流的一种形式，也是参与社会实践活动的重要方式。在短期内参与某一职业互动，如劳动体验、职业场景体验、操作体验等。二是观察型。主要是指到现场进行有目的的观察和记录，从而更好地了解职业性质以及相关活动范围，感受职业活动的特点，如展示参观、观摩体验等。三是访谈型。这种体验形式以职业体验或生涯人物采访的形式展开，虽然没有前两种体验活动直接，但可以了解得更为深入，更好地了解职业特点，如生涯访谈、交流座谈等。下面结合案例进行具体呈现。

黑龙江旅游职业技术学院以"快乐职业体验，感受劳动乐趣"为主题，于2022年开展了西点师烘焙体验活动、平面设计员职业体验活动，佳木斯市第九小学及云环小学共计60名学生走进黑龙江省旅游职业技术学院佳木斯校区参加体验活动。西点师烘焙体验活动由教师带领孩子们了解西点师职业，并尝试亲手制作美味的蛋挞；平面设计员职业体验活动依托四组趣味案例，分别从"一景一世界""一面一变化""一调一印象""精益细中寻"四个方面展开体验。

苏州工业职业技术学院2019年举办了"智能制造技术应用与创新"中小学生职业体验活动，来自南京师范大学附属苏州石湖实验小学、吴中区越溪育才学校的学生积极参与其中。该次体验活动主要包括成果展示、体验观摩、面对面交流等活动形式。第一，展示了江苏省数控技术品牌专业各实训场所、嵌入式人工智能系统、智能机器人创意社、文化创意模型设计与制作、航模飞行表演等项目。第二，学生们观看了各类智能机器人、工业机器人、无人机、航模以及人工智能系统的表演，从中感受到了智能技术的魅力。第三，活动现场，省劳动奖章获得者王勇和市劳动模范、苏工院精密制造工程系教师殷铭与小学生面对面交流。

长春职业技术学院基于职业启蒙教育国家战略，以培养德智体美劳全面发展的社会主义合格建设者和可靠接班人为目标，面向吉林省中小学生，搭建高职学校与中小学校的合作联动通道，充分发挥国家示范校等优势资源，选择3D打印、智能机器人、物联网应用技术启蒙、虚拟现实教育、金融科技展示、智慧物流技术、调酒师职业体验与启蒙、现场救护等19个职业体验项目，通过劳动体验、职业场景体验等多种体验活动形式向中小学生开放。

## 四、面向中小学开设职业体验课程

课程是实施职业体验教育的重要载体。职业体验课程是开展劳动教育的有效途径，也是促进普职融通、落实职业体验教育的必要支撑。❶当前，各地日益重视中小学生职业体验课程建设，如江苏省印发《省教育厅关于加强中小学生职业体验教育的指导意见》，明确将职业体验课程纳入中小学综合实践活动、劳动与技术相关课程体系；青岛市教育局印发《关于开展职业启蒙和体验教育的指导意见》，要求全市各职业院校要结合专业优势和特色，开发职业体验课程，各中小学要把职业启蒙和体验教育纳入课程；石家庄市从2017年起，全市小学高年级段

---

❶ 姜婷，徐昌，张志鹏.普职联动共建区域中小学职业体验课程［J］.中小学管理，2019（3）：46-48.

和初中阶段开设职业体验与职业认知课程，对中小学生渗透职业体验教育。近年来，越来越多高职院校开始立足学校专业特色，设计符合中小学生兴趣的职业体验项目课程，涌现出一批典型案例。

常州工业职业技术学院积极探索"双减"政策下的合作育人模式，在公益平台上为中小学提供了19门公益职业体验课程。如该学院的旅游与烹饪学院为常州市武进区礼河实验学校的小学生开展了暑期"小厨师"职业体验课程，在烹饪实训教室内，烹饪专业的师生志愿者不仅为小学生们提供了丰富的食材和齐全的烹饪工具，还为他们讲解了"水果沙拉""火腿鸡蛋"等几道简单易学的家常菜制作方法。在教师和志愿者们的指导下，孩子们在制作家常菜的过程中，体会劳动的艰辛和乐趣。

嘉兴职业技术学院依托时尚设计学院，根据年龄段特点为嘉兴市秀洲实验小学分别开设不同的职业体验课程。针对低龄段学生对色彩的好奇心，开设"色彩体验课"，教师亲自示范色彩与绘画的关系，手把手指导孩子们对色彩进行调配。高龄段孩子们已经具备了一定的手工制作能力，为此，时尚设计学院的教师们开设了"非遗植物拓染"等特色文化体验课程，教授同学们用手中的木槌将植物形状敲拓到各自的方巾上，零距离体验传统手工技艺。

铜陵职业技术学院联合春晓小学共同开展"煅铜技能体验职业启蒙教育"活动。依托煅铜大师工作室，根据小学生的兴趣特点，精心设计了"煅铜技艺体验"课程，从中国传统纹样入手，带小学生感受煅铜工艺的制作过程，使铜工艺品在孩子们的脑海中从"艺术品"向"手工作品"转变。

## 第三节 高职院校开展青少年职业体验的现实困境

职业体验是个人走向未来职业生涯的一座立交桥，是一种重要的教育性实践活动❶，对青少年的成长具有独特而重要的价值。虽然我国高职院校开展青少年职业体验方面已经进行了创新性的探索和实践，也积累了一些经验，但在制度、认知、理论、实践等方面仍存在着一些现实困境。

### 一、制度困境：尚未形成一套完整的制度保障体系

制度出现功能失调的情况，这种失调的状况即所谓制度困境。❷我国如今虽然对职业体验的重视程度越来越高，颁布了很多法律法规和政策来促进其发展，但顶层设计不够明确，存在制度上的困境。

### （一）制度缺失

制度缺失主要是指"制度不健全、不完善"❸，反映的是制度需求和制度供给之间的状况。从整体上来看，我国关于职业体验的政策体系不够完善，相关规定多散落在不同文件中，对高职院校开展青少年职业体验的功能定位、职责范围、运行模式、保障机制等，缺乏统一、明确的规范，客观上制约了高职院校开展青少年职业体验的普遍探索和作用发挥。目前国家没有支持和鼓励高职院校开展青少年职业体验的专门性文件，许多政策仅停留在宏观的呼吁层面，尚无中观层面

❶ 高瑜，王振.中小学职业体验可持续发展的路径选择［J］.职业教育研究，2019（12）：11-15.
❷ 修伟，张军.我国城乡发展一体化的制度困境与路径选择［J］.甘肃理论学刊，2013（6）：143-147.
❸ 陈成文，廖文.制度困境与机会缺失：农民工共享社会发展成果问题研究［J］.社会科学研究，2008（5）：93-101.

因地制宜的落实，只有江苏、上海、青岛等个别省市出台了中小学职业体验教育政策，导致高职院校要解决一些具体问题，往往找不到具体的政策依据。

（二）制度执行不力

一项制度从制定到实施需要经历诸多环节，各环节必须科学有效、紧密相扣，才能保证制度执行到位。❶ 在关于高职院校开展青少年职业体验制度执行过程中，我国各级政府和高职院校落实不到位，在执行层面缺乏适宜的运行机制、监督保障机制路径及具体措施，致使现有的制度形同虚设，没有充分发挥制度的约束和激励功能。关于高职院校开展青少年职业体验制度执行不力是多方面因素导致的，既与政府和高职院校的执行意愿与能力有关，也与家长学生的参与意愿密切相关，更受到社会文化环境的影响和制约。

## 二、认知困境：高职院校、家长、学生对职业体验的认识不充分

认知出现问题，就像穿衣服扣错了第一粒纽扣一样，后面的工作就是被动的、无效和荒谬的。社会特别是高职院校、家长、学生对职业体验的认知缺乏，是影响高职院校开展职业体验的一个重要因素。

（一）职院校对开展青少年职业体验的重要性认识不足

现阶段很多高职院校对开展青少年职业体验不够重视，对职业体验的开展意识淡薄，自觉性、积极性和主动性不足，在认知上存在偏差。由于政策体系的不完善，高职院校对于开展职业体验的职责与任务认识不清，对开展青少年职业体验持一种应付的态度，缺乏系统全面的谋划和推进措施，青少年职业体验开展表面化，且连续性不够，难以建立良性循环机制和长效机制，从而使得高职院校并未发挥其该有的作用。

（二）家长、学生对青少年职业体验存在认知偏差

近年来，尽管我国颁布了一系列法律法规大力发展职业教育，但是人们的观念未能转变过来，"重普轻职""重理论轻实践""职业教育二流论"的错误思想

---

❶ 麻宝斌，段易含.再论制度执行力［J］.理论探讨，2013（2）：140–144，2.

仍然盛行。2019年人民论坛问卷调查中心的一项调查显示，89.52%的受访者对我国职业教育领域的发展表示关注，89.86%的受访者认为社会对于职业教育的认知存在偏见。因此，这种偏见泛化到职业体验，导致家长、学生对职业体验也存在偏见。同时，在应试教育的长期影响下，家长过于注重学生的成绩，忽视了职业体验的重要性，缺乏参加职业体验的主动性。

### （三）政府对青少年职业体验的宣传力度不到位

目前，我国尚未形成全社会重视职教、支持职教的良好环境，政府对职业教育文化和内在魅力以及职业体验相关政策的宣传力度不够，存在着思想不重视、形式比较单一、缺乏持久性、效果不明显等问题。政策宣传不到位、政策知晓度低是政策执行的"最后一公里"难题。❶不少高职院校、家长、学生对职业体验还不够了解，相关政策知晓度不高，在认识上被遮蔽，导致参与职业体验的热情不高。

## 三、理论困境：青少年职业体验的研究基础较为薄弱

理论基础是研究对象最直接和最基本的单位。近几年，青少年职业体验虽然取得了一定发展，但青少年职业体验在内涵、外延、研究范畴、研究方法等方面的界定仍不明确，没有建立独立的学习和研究体系，大多是在实践中不断摸索，缺乏理论的积淀与指导，使青少年职业体验一直还停留在浅层次水平，桎梏了青少年职业体验向较高层次的发展。

### （一）研究规模较小

虽然关于青少年职业体验的研究呈现增长态势，但相关论文数量和学术专著仍然较少，研究规模有待扩大。以中国知网CNKI为检索平台，以"职业体验""青少年职业体验""高职院校职业体验"等进行文献检索，共检索到52篇相关文献，年度发文量整体呈上升趋势，但数量相对较少。

### （二）研究不够深入

青少年职业体验的基本概念和基本范畴缺乏科学的规范，致使其在使用中混

---

❶ 贺璇．农村低保户形象的社会认知及其政策效应［J］．人文杂志，2021（9）：111–118.

乱和随意性较大，难以从整体上明确青少年职业体验研究的边界和范围，从而导致高职院校、家长、学生等对青少年职业体验理解的偏差。由于青少年职业体验理论研究和实践的环境建设尚不完善，现有的关于高职院校开展青少年职业体验的研究多是以贯彻、解释上级政策和文件、实践经验的总结为主，缺乏将实践上升到理论高度的意识，今后应该对实践中的一些重要问题进行深入研究。

（三）研究视角狭窄

研究视角决定了研究人员看待问题的角度和思维方式❶，对于青少年职业体验的发展尤为重要。已有研究成果为高职院校开展青少年职业体验相关理论的深化提供了一定的基础，但现有文献的研究视角较为狭窄，更多侧重于中小学校、中职学校，鲜有文献从高职院校视角，探析如何开展青少年职业体验。同时，相对于现有文献对于教育视角的关注，从心理学、管理学和社会学等研究视角切入的分析较少。

（四）研究方法单一

我国当前青少年职业体验的研究方法存在一些问题，主要表现在两个方面：第一，较多简单地采用文献研究的方法，缺少实证研究等方法。单一使用文献研究易导致研究成果的推理演绎的成分太多，多为思辨式研究，研究结论过于主观化，缺少第一手资料，影响研究成果的说服力。第二，重质的研究、轻量的研究。目前相关青少年职业体验质的研究仅从个别案例得出结论，有些研究甚至是基于经验的总结式报告，这样的成果不具有代表性，降低了研究成果的外在效度和信度。

## 四、实践困境：高职院校开展青少年职业体验的能力亟须提升

从实践角度看，我国高职院校开展青少年职业体验存在诸多不足之处，存在着明显的误区和实践能力不足的问题，面临实践困境的牵绊，严重地影响着青少年职业体验开展的实际效果。

---

❶ 张先治，张晓东. 会计学研究视角与研究领域拓展——基于国际期刊的研究［J］. 会计研究，2012（6）：3–11，92.

（一）职业体验中心建设有待优化

目前，我国对于体验中心的建设标准内容没有做明确的规定，各省、直辖市教育厅都是摸着石头过河，出台的相关指导意见也相差甚远。这就导致各地高职院校对建设职业体验中心的重视程度差异很大，只有少部分高职院校建设了职业体验中心，职业体验中心的定位也千差万别，甚至出现功能不全的问题。现阶段的诸多职业体验中心品牌意识弱，停留在"职业院校有什么、职业体验中心设计么"的思维方式，尚未形成独具特色的竞争优势，存在"场地不大不小、项目不全不精、课程千篇一律"等问题。❶大多数中小学校将自身定义为体验中心的服务对象，没有成为体验中心建设的重要力量。此外，企业参与职业体验中心建设的积极性较低，存在挂企业名牌而无实质参与的嫌疑。

（二）职业体验活动设计不合理

高职院校青少年职业体验活动的设计一般都体现出了职业体验的关键要素，如"选择或设计职业情境""实际岗位演练""总结、反思和交流经历过程""概括提炼经验，行动应用"等，但从目前来看，大部分职业体验活动仍偏重认知性知识的传授，只停留在简单的身体感受上，没有引导学生在感性情感的基础上进行更多的理解和联想，生成更深层的领悟和意义，学生的有效体验感缺失。此外，很多高职院校也没有衔接好学期之间、学年之间、学段之间的活动内容，职业体验活动的设计与实施都缺乏活动对象的针对性和差异性，忽视了小学、初中、高中不同阶段学生的差异和体验需求。

（三）职业体验课程体系不健全

目前，高职院校开设的一些青少年职业体验课程大都只是一些较为零散、不成系统课程体系的课程，或者以劳动、信息技术等一些综合实践活动课程为载体而进行，这就导致学生的职业体验是有限的，无法让学生系统掌握不同职业所要求的素质和能力，也不能培养学生对不同职业的整体感知能力，仅是一种碎片

---

❶ 马雷鸣，赵蒙成.双重制度逻辑视阈下中小学生职业体验中心建设的问题与策略［J］.职教通讯，2021（1）：95–103.

化的知识获取。❶此外，青少年职业体验课程的教材基本处于空白状态，任课教师大多根据经验编写每节课教案，没有成熟的教材作为参考，教材编写、选用不规范。

（四）职业体验师资力量薄弱

高职院校开展青少年职业体验的师资队伍还不成熟，很多学校尚未成立专业的职业体验师资队伍，存在教师数量有限、规模较小、师资结构不合理等问题。大多为高职院校专业课的任课教师或骨干教师代劳，高职院校的兼职教师的参与缺失、中小学校教师的参与度低。青少年职业体验课程面向的是中小学生而非职校生，对高职院校教师的素质提出了更高的要求和更大的挑战。很多高职教师在体验项目实施以及课程教学方面明显经验不足，教师在教学目标的把握、课堂组织形式的转变、教学方法的运用等方面都处于自行摸索的状态。高职院校普遍没有成立专门的教研组织对教育教学过程中的问题进行研究指导，也没有联合相关部门和教育组织对教师进行培训，教师开展职业体验的胜任力有待提高。

❶ 李晓娟.中小学职业体验教育的现实关照与理性回归［J］.教学与管理，2021（12）：65–69.

# 第 三 章

# 杭职院开展青少年
职业体验的动因、
历程和成效

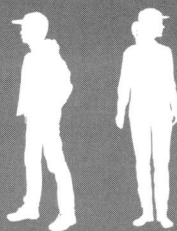

# 第一节 杭职院开展青少年职业体验活动的动因

## 一、积极响应国家鼓励发展职业教育的号召

党和国家历来高度重视人才培养工作，提出了一系列加强人才工作的政策措施，培养造就了各个领域的大批人才。进入21世纪新阶段，党中央、国务院作出了实施人才强国战略的重大决策，人才强国战略已成为我国经济社会发展的一项基本战略，人才发展取得了显著成就。2010年，中共中央、国务院印发的《国家中长期人才发展规划纲要（2010—2020年）》明确指出，截至2020年，我国高技能人才队伍建设的要求及目标："适应走新型工业化道路和产业结构优化升级的要求，以提升职业素质和职业技能为核心，以技师和高级技师为重点，形成一支门类齐全、技艺精湛的高技能人才队伍。"

2014年6月，国务院印发《关于加快发展现代职业教育的决定》，全面部署加快发展现代职业教育。该决定明确了今后一个时期加快发展现代职业教育的指导思想、基本原则、目标任务和政策措施，提出"到2020年，形成适应发展需求、产教深度融合、中职高职衔接、职业教育与普通教育相互沟通，体现终身教育理念，具有中国特色、世界水平的现代职业教育体系"。

2019年1月，国家颁布实施《国家职业教育改革实施方案》（职教20条），提出"鼓励中等职业学校联合中小学开展劳动和职业启蒙教育，将动手实践内容纳入中小学相关课程和学生综合素质评价"，同时明确"把发展高等职业教育作为优化高等教育结构和培养大国工匠、能工巧匠的重要方式"。这对改变职业教育被弱化现象，进一步加快职业技能人才培养进程具有重要现实意义。

同年，《中华人民共和国职业教育法修订草案（征求意见稿）》第十六条提出

"各级人民政府教育行政部门应当支持和鼓励普通中小学根据实际需要增加职业教育的教学内容，开展职业启蒙教育"。未来人才培养趋于多样化，传统模式已不适应新形势发展，基础教育要和职业教育联手，在人才的培养初期阶段，开展职业启蒙教育，把更多职业精神、职业技能、职业素养内容融入基础教育，成效将更加明显。

2022年5月开始实施的《中华人民共和国职业教育法》第十九条明确"县级以上人民政府教育行政部门应当鼓励和支持普通中小学、普通高等学校，根据实际需要增加职业教育相关教学内容，进行职业启蒙、职业认知、职业体验，开展职业规划指导、劳动教育，并组织、引导职业学校、职业培训机构、企业和行业组织等提供条件和支持"。这说明职业院校在培养学生综合职业素养方面将承担更大责任。

浙江省作为经济发展强省，是"两山理论"策源地，在"八八战略"指引下，高质量发展，建设共同富裕示范区，这对高水平技能型人才需求更为迫切。为加快推进职业教育现代化，服务浙江现代产业体系和创新强省、人才强省建设，浙江省先后出台了《浙江省国民经济和社会发展第十四个五年规划和二〇三五年远景目标纲要》《浙江教育现代化2035行动纲要》和《浙江省教育事业发展"十四五"规划》等一系列指导文件，坚持五育并举，把立德树人落实落细，建立类型完整、规格清晰、层次分明的人才培养体系，加强理论武装、价值引领、实践养成，努力培养担当民族复兴大任的时代新人。

浙江省先后出台了省中小学义务教育综合实践活动教学指导纲要（试行）、省普通高中综合实践活动教学指导纲要（试行）、浙江省义务教育小学"劳动与技术"学科教学规范等一系列指导文件，明确提出从义务教育阶段开始，要充分利用优质教学资源、场地条件和师资力量，开展职业启蒙、职业评估、职业指导、职业体验，提高青少年的职业认知与职业能力。

建立完整的职业培养体系，要从少儿阶段起步，在青少年阶段强化，以青少年儿童为实施对象，以培养职业思维及职业能力为目标，在不同的年龄认知发展阶段，逐步形成对职业特征的理解、对职业特性的判断、对职业技能的习得、对职业素养的养成、对职业道路的规划等方面进行有效教育，潜移默化地开展职业启蒙、职业感知、职业教育、职业培养。

职业院校在开展职业体验教育上具有得天独厚的优势。职业院校具备开展职业体验的实训场所，具备创建职业场景及全真岗位的先天优势，职业院校的专业教学及技能人才培养为加强青少年的职业认知、职业情感、职业体验、职业选择及职业养成提供了一个真实场景。职业院校要充分结合自身优势，积极响应国家号召，大力发展职业教育，踊跃开展青少年职业体验活动。

## 二、产教融合背景下积极探索与实践职业教育反哺基础教育

在产教融合大背景下，杭州职业技术学院坚持姓"杭"、姓"职"、姓"院"的办学属性与"校企合作、工学结合、文化育人"的办学思路，突出"区域性"，强调为杭州经济社会发展服务，明确了"立足开发区、服务杭州市"的办学定位；突出"职业性"，强调走类型发展道路，提出了"重构课堂、联通岗位、双师共育、校企联动"的教改思路和"首岗适应、多岗迁移、可持续发展"的人才培养规格；突出"高等性"，强调"融"文化核心理念，凝练形成了"数智杭职，工匠摇篮"的校训，倡导"学校融入区域发展、专业融入产业发展、教师融入学校发展、学生融入专业发展"，明晰了"学生体面就业，教师幸福生活"的办学指向，构建了以利益与共、文化相通、成果共享为基础的"校企共同体"高职教育特色办学模式。近年来，依托校企共同体建设成效，积极探索产教融合背景下职业教育反哺基础教育的有效路径，立足于学院优质资源、场地条件，充分发挥学校专业优势，以公益为基础，以产业为核心，以效率为目标，促进"产业融合、校企合作"联动发展，加强联动载体建设，围绕服务杭州，服务杭州教育，普及推广职业教育理念。

学校2013年年底开始动议，2014年建成了以"新"品位、"新"时尚、"新"元素、"新"观念、"新"文化、"新"视野、"新"角度、"新"媒体的全新理念共同建设和打造集职业辅导、实践体验、能力训练三位一体的"杭州职业技术学院青少年职业能力体验中心"。在青少年职业能力体验中心建设过程中，践行青少年职业教育反哺基础教育，在系列文件及指示精神指导下，配合新课程计划，不断激发青少年的职业兴趣，开展职业体验活动。

## 三、职业体验对于学生未来的教育和职业选择大有助益

职业兴趣对于一个人选择职业，并且把职业变成自己的终身事业，具有重要的意义。职业兴趣的培养是一个长期的过程，需要从青少年时代开始。青少年时期的职业兴趣养成，有助于青少年树立积极的理想信念，激发强烈的学习动力，

帮助他们建立健全健康的人格心理。青少年职业兴趣的培养需要从鼓励青少年拥有广泛的兴趣入手，帮助他们认识自身的职业兴趣倾向，引导他们探索自身的职业兴趣，并培养与之相适应的职业能力。

职业启蒙教育应贯穿人生发展的每个阶段，从小开展职业启蒙及职业体验，会使人们对未来职业世界有所了解，认识职业的性质，形成良好的职业态度，进而激发自身的兴趣和特长，为适应职业环境和养成职业素养奠定坚实的基础。政府、企业、学校、家长要多方参与、形成合力，共建多位一体的职业启蒙及职业认知教育体系。

职业体验是学生对社会职业的参与和实践、身心体会、感知理解的过程。❶开展职业启蒙及职业体验，使青少年在实际工作岗位上或模拟情境中通过听、看、做，认知体验职业角色，使青少年学生获得对职业生活的切身理解，发现自己的专长，培养职业兴趣，形成正确的劳动观念和人生志向，提升生涯规划能力。让青少年儿童通过动手动脑，做中想，想中学，学中做，互动体验式感受职业教育，在成长过程中构筑职业梦想。通过递进式的职业体验，让青少年了解这个世界上存在哪些职业以及这些职业的要求是什么，随着年龄的增长，逐步发现和培养自己的职业兴趣，为未来的专业或职业选择奠定基础，平等对待每一种职业，树立正确的职业观念，在今后的学习生活中能不断评估自身能力与职业能力要求的契合度，从而选择适合自身兴趣与能力的教育类型、专业方向及发展路径。

## 四、勇于承担全阶段职业技能人才培养的责任与使命

青少年是国家的希望、民族的未来，他们将要承担起实现中国国富民强的历史重任。今天的青少年成长于社会转型时期，社会的剧烈变迁、社会体制的转变、价值观的冲突、生活方式的多样化、生活质量的迅速提高、不同文化冲突对这一代青少年产生了全方位的影响。但对大多数青少年来说，职业启蒙和职业体验基本处于空白状态，更谈不上开展科学的职业倾向测试、系统的职业技能训练、大信息量的职业介绍。现实生活中确实存在这样的现象：有的男孩子学习成绩并不突出，但是动手能力强，稍微点拨一下，就能操作比较复杂的器械；有的女孩子考试成绩不好，但是心灵手巧，可以完成精美的花卉造型，可以设

---

❶ 王博.以典型职业劳动任务为载体的高中职业体验教学［J］.教学与管理，2022（5）：78-82.

计出新颖的饰品。社会进步需要各行各业的人才，文化课成绩较弱的青少年同样可以有很好的职业发展，为社会创造财富，但是有很多青少年的职业选择更多是一种退而求其次的无奈之举，对于个人的职业选择及可持续发展并没有特别清晰的认知或规划。在对未来职业的了解上，有一半以上的青少年对自己将选择的职业缺乏了解，由此可以看出，向青少年提供职业启蒙和职业体验，满足当代青少年对于职业辅导的需求，不仅是谋求职业的必须，也是自身发展的内在需求，在现有职业教育的基础上发展社会性的青少年职业辅导和实践训练是重中之重。

当今世界，综合国力的竞争归根到底是人才的竞争。人才质量对一个国家、一个民族的发展至关重要。近年来，中国制造、中国创造、中国建造共同发力，综合国力持续加强。国家近年来完成的一系列标志性的科技成就、大国重器、超级工程都离不开人才。高职院校作为人才培养的重要阵地，肩负着培养职业技能人才的重任。高职院校联合中小学开展劳动教育、职业启蒙和职业体验，对改变青少年的职业认知、专业选择和培养适合自己的职业兴趣、教育旨趣与升学选择具有重要的决定性作用。

职业性是高职院校最为突出的特性。作为高职院校，承担了为国家、为社会培养优秀职业技能人才的重任，要积极介入人才培养的各阶段，除了做好自己全日制学生培养的基础上，也要服务于从儿童、到青少年、到从业人员、再到终身教育全阶段的育人工作。开发从幼儿阶段开始，基于助力青少年个性化的成长及青少年终生职业发展的需要，通过开设基本的职业启蒙与职业体验教育课程、职业活动日、职业活动周、职业体验开放日等活动，接纳青少年参观和体验，改变人们对劳动尤其是体力劳动和职业技能劳动的偏见，开启青少年的职业兴趣、职业情感和职业理想，培养青少年职业倾向、职业意识，开展初步职业技能教育，源源不断地为国家培养高素质技能型人才。

## 第二节 杭职院青少年职业体验中心的构建

作为杭州人自己家门口的高等职业院校，杭州职业技术学院通过全面开放学校的优质教学实训资源、邀请家长和中小学师生走进校园、送教上门和为中小学开设职业教育课程等形式，在2014年，学校就在全国首推职业教育反哺基础教育，创建了集职业辅导、实践体验、能力训练三位一体的"青少年职业体验中心"，为青少年点燃职业梦想，缔造非凡人生，探索走出了一条全国高职首推的高职教育反哺基础教育的创新发展之路。基于"青少年职业体验中心"运行和管理实践，依托"校企共同体"办学体制机制优势和优质教学资源，联合政府、职业院校、行业、企业共建青少年职业启蒙"杭州联盟"，建设一批融职业启蒙、职业体验和职业规划指导于一体，聚焦城市特色产业和未来科技发展的优质职业启蒙教育基地和职业启蒙课程，全面加强青少年职业启蒙和职业体验教育，大力推进职业规划咨询指导、职业启蒙和职业体验，为优化教育结构、提升教育质量贡献"职教智慧"。

### 一、学校青少年职业体验中心的主要目标

（一）积极落实国家办学方针的要求

全面贯彻党的教育方针，落实立德树人的根本任务，按中共中央、国务院《关于全面加强新时代大中小学劳动教育的意见》（以下简称《意见》）明确要求，将劳动教育纳入中小学国家课程方案和职业院校、普通高等学校人才培养方案，形成具有综合性、实践性、开放性、针对性的劳动教育课程体系。根据各学段特点，在大中小学设立劳动教育必修课程，系统加强劳动教育。深刻理解和把握

新时代劳动教育的理论逻辑、历史逻辑和实践逻辑，对学习贯彻中央《意见》精神，全面落实立德树人根本任务，全面加强新时代大中小学劳动教育，培养担当民族复兴大任的时代新人，具有重大理论意义和实践价值。

杭州职业技术学院有责任、有担当的"双高"院校，一直致力于开展融趣味性、操作性、职业性于一体的职业教育反哺基础教育体系。职业启蒙课程设计以我校优势专业为基础，依托校企共同体的体制机制优势，结合"杭州联盟"成员优质资源，融入工作实景，充分考虑体验对象的知识水平与心理特点，通过塑造职业角色、动手操作、成果展示、情景体验等环节，将职业教育理念融入基础教育，引导青年少年从小培养职业兴趣、树立安全观念、启发职业想象、感受职业文化、激发创新精神，为培养并塑造未来的优秀建设者奠定基础。

（二）逐步满足中小学生职业发展的需求

今日中国正面临百年未有之大变局，今天的少年儿童成长于社会转型时期，社会的剧烈变迁、社会体制的转变、价值观的冲突、生活方式的多样化、生活质量的迅速提高、传统文化的嬗变对这一代少年儿童产生了全方位的影响。但是，青少年对职业的认知、对职业兴趣的培养、对今后职业发展的规划却一无所知，成为人生中的一项"空白"。

（三）发挥职业院校的职业特色优势

职业劳动是职业院校最具典型的特征之一，贯彻落实党中央关于培育劳动精神的要求是职业院校不可推卸的责任和义务。2020年3月20日由中共中央、国务院发布的《关于全面加强新时代大中小学劳动教育的意见》明确要求将劳动教育纳入中小学国家课程方案和职业院校、普通高等学校人才培养方案，形成具有综合性、实践性、开放性、针对性的劳动教育课程体系。职业院校在为青少年提供职业体验方面有着得天独厚的优势。

## 二、学校开展青少年职业体验的基础

杭州职业技术学院的不断发展和持续提升的整体办学实力，为学校建立青少年职业能力体验中心奠定了坚实基础。学校秉承"立足开发区、服务杭州市"的办学理念，围绕服务杭州经济发展，普及推广职业教育理念，在杭职院青少年职业体验中心建设过程中，配合浙江省中小学义务教育新课程计划，让青少年通过动手动脑，做中想、想中学、学中做，感受职业教育，在成长过程中逐渐明晰职业发展之路。通过职业体验，让青少年学生了解职业教育的专业特色，增长知识和技能，开阔职业眼界，学会团队合作，在成长过程中构筑职业梦想。

2014年以来，杭州职业技术学院通过全面开放学校的优质教学实训资源、邀请家长和中小学师生走进校园、送教上门和为中小学开设职业体验课程等形式，创建了集职业辅导、实践体验、能力训练三位一体的青少年职业体验中心。旨在通过为中小学生和教师搭建融趣味性、操作性、游戏性于一体的职业教育体验平台，将职业教育理念融入基础教育，引导青少年从小培养科学、合理的职业教育价值观念，激发创新创业精神，培养职业习惯，提升职业素养。

学校充分发挥自身职业教育办学优势和专业特色，组织专业教师精心开发了3D打印、动漫天地、多肉植物盆栽、手工皂、服装设计师、机床探秘、汽车大世界等80余门实操类课程，常年开展青少年职业体验与职业咨询，对象涉及幼儿园、小学生、初中生、高中生、大学生等人群，中心建设已初具规模。

学校自入选"杭州经济技术开发区青少年学生第二课堂活动基地"以来，职业体验项目内容逐步充实，过程有序、有趣、安全，获得师生和家长们的一致好评，学生们说"在体验活动中，收获知识、收获成长、收获快乐"，教师和家长们说"职业能力体验帮助孩子们了解各种社会职业的工作内容，帮助他们树立未来的职业理想"。杭州网、新浪浙江、青年时报等媒体都相继对学校的开发区第二课堂建设进行了报道，社会反响热烈。

同时，学校携手"天下第一名社"西泠印社，紧贴非遗保护、非遗传承与创新需求，以独具江南特色的传统手工业类非遗项目为载体，大力开发颗粒化素材资源。2015年，学校被认定为"杭州市经济开发区非物质文化遗产基地"，越来越多的青少年通过学校的非遗传承教学创业基地认识传统文化、熟悉传统文化、喜爱传统文化，人文综合素养得到了进一步提升，这也成为学校"青少年职业体验中心"建设的一大亮点。

## 三、青少年职业体验中心的建设原则和实施举措

为破解"青少年因缺乏职业认知和职业方向，导致对职业不感兴趣、没有作为"的难题，学校依托"校企共同体"办学体制机制优势和优质教学资源，联合

政府、职业院校、行业、企业共建青少年职业启蒙"杭州联盟",建设一批融职业启蒙、职业体验和职业规划指导于一体,聚焦城市特色产业和未来科技发展的优质职业启蒙(体验)教育基地和课程,全面加强青少年职业启蒙和职业体验教育,大力推进职业启蒙(体验)教育。

(一)基本原则

1.突出红色基因,强化教育功能

坚持把青少年职业教育与社会主义核心价值观建设、青少年思想道德建设、爱国主义教育、革命传统教育等相结合,培养合格的社会主义接班人。

2.突出统筹规划,推进融合发展

以课程为载体,推动职业教育与思想教育、研学实践、传统文化等相融合,统筹规划,齐头并进,提升中心的吸引力和竞争力。

3.突出改革创新,统筹区域联动

坚持"合作共享"理念,充分整合政府与学校、学校与学校、学校与行业、学校与企业的优势资源,建立合作机制,实现资源共享、优势互补、课程互通、共建共享的多赢发展格局。

4.突出以青少年为中心,强化课程品质

以青少年为重点教育对象,不断完善职业体验课程体系建设,创新职业体验课程,丰富职业体验课程形式,让青少年在职业体验过程中取得更多收获。

(二)实施举措

1.聚焦联盟发展目标,政行企校协同推进

(1)整合政行企校资源,共建青少年职业启蒙"杭州联盟"。坚持公益性原则,由杭职院牵头,整合政府部门、在杭学校、行业企业,共建青少年职业体验"杭州联盟",由杭州职业技术学院牵头成立杭州联盟理事会,学校为理事长单位,常设秘书处为学校继续教育学院,浙江特种设备研究院、浙江省模具协会、百合花集团等选为副理事长和理事单位。继续教育学院负责平时杭州联盟事务与联盟成员联系对接,协调安排各类活动,为区域青少年提供优质服务。通过联盟单位的协同,发挥矩阵规模效应,实现校内外资源互通,开展中小学生第二课堂教育教学活动，申报杭州市中小学生第二课堂教育基地，成立杭州市青少年职业倾向测试中心，开展职业体验、测试、咨询等一体化服务，最终将中心打造成集研学、职业体验、职业倾向测试为一体的全方位"全国青少年职业体验中心"暨"杭州青少年职业体验中心"。

（2）联合政府部门，融合博物馆、科技馆、公园等公共文化场馆，助推政府部门将职业体验教育纳入基础教育体系，促进职业体验项目实施的制度化、规范化和系统化，并争取政府部门在政策和资金上给予支持。2021年新增20家"杭州联盟"成员。杭州地铁集团、百合花集团、浙江省模具行业协会、浙江特种设备科学研究院等上市公司、行业协会、研究所等企业单位加入"杭州联盟"（图3-1），联盟影响力进一步扩大。

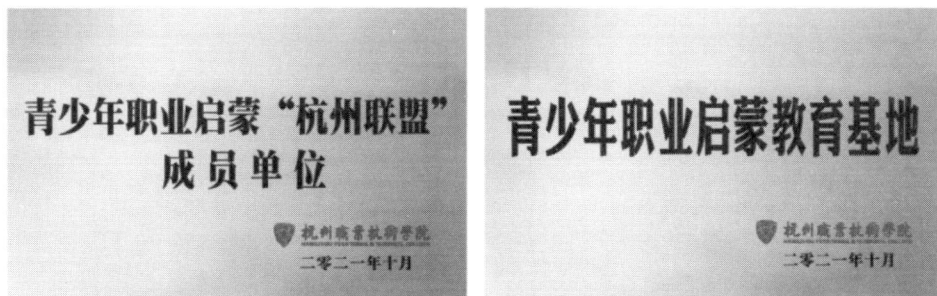

图 3-1 联盟与基地铜牌

（3）健全共建共享机制。依据联盟章程，2021年由杭职院牵头，多方征求联盟成员意见拟定《杭州职业技术学院杭州联盟发展行动计划（2021—2025）》《杭州联盟章程》《联盟合作战略协议》等规章制度，保障联盟有序高效运转。通过签署联盟协议，明确联盟成员责权利，建立联盟成员增补与退出机制，加大对联盟成员单位职业启蒙项目运行的管理和考核，带动联盟成员共同开展职业启蒙教育研究，提升联盟建设和发展质量，打造职业教育命运共同体。

（4）高起点建设职业生涯规划与发展指导中心。2020年，在学校领导的重视和学校各部门的联合推进下，杭职院成立了职业生涯规划与发展指导中心。根据青少年发展情况，高起点地设计和规划职业规划与发展中心运行架构，制定中心运行规则制度，构建从职业启蒙、职业体验、职业规划、职业教育全链条的职业生涯规划与指导中心，使之成为服务青少年职业启蒙和职业发展的主阵地（图3-2）。该中心建设由校党委副书记兼任，全力推进中心各项工作。中心全面整合校内资源，把原来校内各分院的职业规划、职业咨询、心理咨询等工作室整合到中心，形成总校一个中心、分院多个分中心的整体架构。总校中心主任由学工部部长兼任，分院分中心由各分院学工主任兼任，中心全力推进职业生涯规划和创业就业指导，引进北森生涯教育一体化平台，开展职业测评与咨询与体验，聘请专业的职业生涯规划指导教师为专家组成员，聘请杭州劳模、浙江省劳模来校为各类师生指导交流，服务青少年认清自我，提升自我，发展自我。同时，加强理论研究，以破解"职业成长"难题、服务青少年职业生涯规划与发展为宗旨，整合校内外相关机构，建设高水平职业生涯规划与发展指导中心，开展基于"人职匹配"的职业规划与生涯发展指导研究。

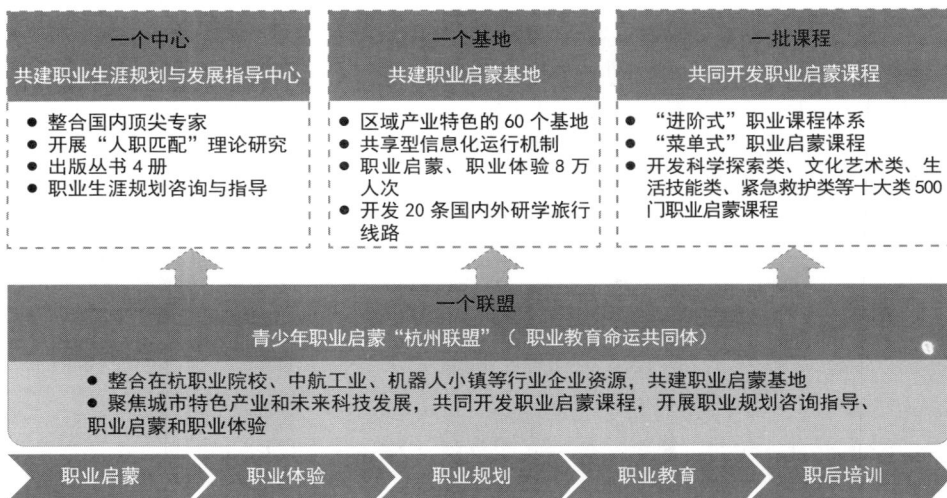

| 一个中心 共建职业生涯规划与发展指导中心 | 一个基地 共建职业启蒙基地 | 一批课程 共同开发职业启蒙课程 |
| --- | --- | --- |
| ● 整合国内顶尖专家<br>● 开展"人职匹配"理论研究<br>● 出版丛书4册<br>● 职业生涯规划咨询与指导 | ● 区域产业特色的60个基地<br>● 共享型信息化运行机制<br>● 职业启蒙、职业体验8万人次<br>● 开发20条国内外研学旅行线路 | ● "进阶式"职业课程体系<br>● "菜单式"职业启蒙课程<br>● 开发科学探索类、文化艺术类、生活技能类、紧急救护类等十大类500门职业启蒙课程 |

**一个联盟**
青少年职业启蒙"杭州联盟"（职业教育命运共同体）
● 整合在杭职业院校、中航工业、机器人小镇等行业企业资源，共建职业启蒙基地
● 聚焦城市特色产业和未来科技发展，共同开发职业启蒙课程，开展职业规划咨询指导、职业启蒙和职业体验

职业启蒙 ＞ 职业体验 ＞ 职业规划 ＞ 职业教育 ＞ 职后培训

图3-2　职业体验联盟发展规划目标图

2.深化合作，依托"杭州联盟"共建共享职业体验基地

（1）建设鲜明区域产业特色的职业体验实践基地。紧扣杭州重点打造的"1+6"产业集群和未来科技发展，融合职业体验"杭州联盟"成员单位资源，共建60个集"公益性、实践性、开放性、共享性"于一体的青少年职业体验教育基地。针对信息经济产业加文化创意产业，新增杭州森染文化创意有限公司、杭州郅真文化创意有限公司等；针对旅游休闲产业，新增虹越花卉股份有限公司；针对健康产业，新增杭州彩虹鱼康护护理有限公司；针对时尚产业，新增杭州顾家工艺家具销售有限公司；针对高端装备产业，新增杭州友佳精密机械有限公司

等，这些具有鲜明区域产业特色的企业单位加入青少年职业体验教育基地，丰富了职业体验基地，共同服务于青少年职业启蒙、职业体验、职业实践等各类职业活动。

（2）建立完善"开放共享"的基地运行机制。一是完善"开放共享"的基地运行机制。联合联盟合作单位，制定了《青少年职业体验教育基地运行管理实施办法》《职业体验基地资源开放共享实施办法》等管理运行制度，建立共建共管、开放融合的职业启蒙和实践教育运行机制。二是建立基地运行信息化平台。联合联盟成员单位，共建职业启蒙课程资源库平台，提供职业体验线上预约、信息发布、课程资源等信息，为职业院校和中小学管理人员、家长和学生等提供系统规范的体验项目、课程介绍、职业生涯规划、就业指导和研学计划等综合信息服务。

图3-3 学校教师开展职业体验教育实景图

（3）积极拓展研学体验项目。在依托联盟的基础上，开发爱国主义教育、改革开放伟大成就、产业发展和未来科技等多个主题的20条国内外研学旅行线路，通过组织学生集体旅行、集中食宿方式，开展研究性学习和旅行体验相结合的职业启蒙教育活动（图3-3），推动学校教育与校外体验学习和实践教育衔接。

3.多元拓展，满足"全链条"职业体验需求，开发一批优质职业体验课

（1）依据职业特点开发"菜单式"职业体验课程。制定职业体验课程开发流程标准和职业体验课程参照模板，打造职业体验课程的标准化，为职业体验课程可复制可推广打下良好的基础。依托"杭州联盟"和基地，开展青少年职业体验需求调研，组建课程开发团队，依托60家职业启蒙（体验）基地，携手职业体验"杭州联盟"成员单位、紧密合作企业、社会文化机构等，共同开发职业体验类、科学探索类、文化艺术类、生活技能类、紧急救护类等10个系列的500门职业体验课程。开发的职业课程内容涵盖文化创意、金融服务、健康、时尚等杭州重点打造的"1+6"产业，课程贴近生活，趣味性、操作性、职业性强（图3-4），让青少年了解职业知识，感受职业文化，增强职业认同感，培养职业精神和创新意识。其中，插花、多肉盆景、个性化T恤绘制等10门课程被评为精品课程。课

程从职业启蒙、职业认知到职业规划渐进展开，相互衔接，形成体系，实现从职业感知、职业兴趣、职业认知、职业分工、职业理想、职业指导等层面全覆盖。

图3-4　多肉盆景和插花职业体验

（2）根据学生特点"进阶式"开展职业体验教育。开展职业体验教育符合学生的身心发展规律，根据小学、初中、高中三个阶段的学生个体认知水平、职业了解程度、职业探索能力等，实施与相应年龄阶段学生需求和身心水平相适应的职业启蒙（体验）教育活动内容和方式：小学阶段以"职业启蒙"为主导，初中阶段注重"技能体验"，高中阶段以"职业探究"为主的各级职业实践活动递进体系，从职业启蒙、职业认知到职业规划渐进展开，相互衔接，形成体系，注重贴近生活且不脱离专业、强调成果可"视"、塑造角色扮演和情景体验，为青少年和中小学教师搭建融趣味性、操作性、游戏性于一体的职业体验教育平台（图3-5）。让青少年在职业能力课程体验中真实地了解了职业教育，激发职业兴趣。实现从职业感知、职业兴趣、职业认知、职业分工、职业理想、职业指导等层面逐步递进发展的教育目标。

4.数智引领非遗传承，线上线下有机融合

贯彻省市委数字化改革精神，以数字赋能和信息化建设为抓手，联盟发展紧贴"数智杭职"建设目标。利用科技手段创新启蒙服务，不断开发数字化资源。非物质文化遗产是中华民族的精神植被与灵魂根脉，是智慧与文明的结晶，加强非物质文化遗产保护、传承和弘扬中华优秀文化软实力。杭州职业技术学院携手"天下第一名社"西泠印社，联动10所院校。紧贴国家亟需的非遗保护、传承与创新需求，以独具江南特色的传统手工业类非遗项目为载体（图3-6），开发雅修鉴赏、操作视频、教学课件、微课、动画、习题库、试题库等颗粒化素材资源10000余个。

图3-5 红色之旅研学实践

图3-6 非遗展馆与课程介绍

此外，新建电梯文化数字博物馆和时尚女装数字博物馆，增强体验效果。以3D建模技术构建博物馆场景，辅以360°全景和时空穿越素材，共同构建虚实结合的逼真场景。3D模型操控、"人见人"社交等更丰富的交互功能，创造更生动的视觉和漫游体验，并实现内容的无限扩充，充分展示了线上博物馆"全景展、立体展、深度展"感知优势。

第三节 青少年职业体验"杭职模式"的演变历程

杭州职业技术学院青少年职业体验教育的发展经历了三个主要阶段。分别为：伙伴共建阶段、基地拓展阶段、联盟发展阶段。

## 一、伙伴共建阶段

杭州职业技术学院作为国家级骨干高职院校，具有坚实的师资力量和专业管理队伍，在职业教育领域具有一定的权威性和信任度；同时拥有先进的职业教育理念以及优质的职业教育软、硬件配套设备和基础设施。但学校在项目策划及宣传推广上优势不明显，为集中力量做好擅长做的事情，补足短板，学校决定遴选优质合作伙伴，基于双方的优势和特色，遵循校企合作、互相尊重、互惠互利、优势互补、平台互通、资源共享、平等协商、共同推进、协调发展的原则，创新合作机制，共同开展青少年职业能力体验中心建设与运行，并不断拓宽合作领域，提高合作水平，全面提高品牌影响力。

经多方比较，学校最终选定杭州立德文化艺术有限公司作为学校青少年职业能力体验中心和中小学校教师职业教育指导能力提升校本培训项目的运营主体。杭州立德文化艺术有限公司具有一流的策划推广运作执行团队和开展各项活动的丰富经验，并与省市未成年人工作相关部委厅局、省内顶尖各类培训机构和杭城各中小学校有着良好的合作关系。双方充分发挥各自在平台、资源、品牌、技术、渠道、人才、行业经验等方面的优势和特色，实现双方优势互补、互惠互利、共同发展的建设目标，共同完成少年职业能力体验中心各项工作。

在各项政策指导下，学校职业体验中心围绕社会需求，以公益为基础，产业为核心，效率为目标，通过公益和产业相结合的思路，加强"产业融合、校企合作"联动载体建设，充分发挥双方的优势和特色，用足、用好优势资源和场地条件，围绕服务杭州、服务杭州教育、普及推广职业教育的理念，致力于推动杭州职业技术学院"独特文化"为先导、"职业教育"为基础的全国首创职业教育反哺基础教育模式，通过青少年职业教育平台和中小学校教师职业教育指导能力提升校本培训项目建设，共同构建具有文化内涵和领先创意的青少年职业能力体验中心和中小学校教师继续教育校本培训项目。

（一）创新职业体验管理机制体制

一是建立双方高层领导联席会议机制，通报双方合作项目进展情况，对合作事宜进行协商和决策，研究解决合作过程中出现的问题，确保合作可持续进行。首次双方高层领导联席会议在协议签订之日举行，原则上每年进行一次，如任何一方提出重大事项需要沟通时也可临时协商。二是根据合作领域中涉及的项目，双方设立合作项目推进小组。合作项目推进小组由双方参与该项目的相关单位或主要负责人参加。高层领导联席会议和相关项目合作由双方确定专门部门和专职人员负责综合协调沟通，并酌定搭建团队进行项目运作。三是双方组成专业团队和聘请相关专业人士管理中心和项目，不以利益为驱动，注重专业性、科学性、权威性。

此阶段的职业体验以浙江省中小学义务教育综合实践活动教学指导纲要为指引，开展职业启蒙及职业体验教育活动，助力青少年学生个性化成长，服务青少年未来职业发展的需要，探索"以学为主体"的教学新范式。同时，与现代化教学技术、教育教学研究相结合，利用优质教学资源、场地条件和师资力量，开展以中小学教师为对象的职业教育指导能力提升辅导及培训，依托中小学继续教育校本培训，以职业能力典型课程体验为切入点，进一步提升中小学校教师职业教育指导能力。

（二）提升职业体验中心运作成效

职业体验中心建设过程中，双方各司其职，加强协作，不断提高中心项目运作成效。双方共同确定品牌名称、整体规划、设计装饰等；共同策划营销相关活动；共同推广和塑造品牌、共同构建未来发展战略。

杭州职业技术学院负责项目整体落地的实施；包括体验课程设置、师资力量配备、校内师生调配、教育教学管理、相关设备购置、提供现有设备资源、办公场地提供、场馆使用保障和按照相关规定收费等内容。按照双方确定的总体规划设计负责开办运营投入，改建或完善基础设施，进行环境布置，并投入相关项目启动经费。

杭州立德文化艺术有限公司负责中心项目策划推广、开发经营和运作执行等相关内容，协助确定课程内容，力求通过本项目将其延伸至社会、社区、家庭、学校及与青少年成长环境有关的各个层面，有效地架构起青少年职业能力体验中心和中小学校继续教育校本培训品牌。

对于项目相关宣传文字、文案、报表、数据、总结、质量评估、经费收支等核心信息由双方共同审定，遵守保密约定，相关内容如需对第三方披露，须经双方共同同意。同时，双方联合进行项目理论及实践研究，开展青少年职业体验、职业教育反哺基础教育和师资继续教育校本培训、教师职业教育指导能力提升等相关领域课题科研，申报相关文创项目。对于收费项目，根据双方在项目中承担的工作任务和内容，按一定比例分别支取，用于项目实际运营成本和经双方确认的需支出部分的开支。

经过一段时间的实践，中心运行渐趋稳定，项目日臻成熟，管理制度逐步健全，活动设计新颖，服务保障到位。2016年底，杭州职业技术学院被杭州经济开发区认定为第五批区级青少年第二课堂活动基地。有50余门职业体验课程经过审定，形成了较为完善的课程目录，课程涵盖了机电（包含机器人、机床、3D打印等）、计算机通信（包含网页设计、美图秀秀等）、园艺（包含插花、瓶景制作等）、服装、动漫、环保、汽车、经管（包含会计、电子商务、股票等）等大类。通过"穿越动漫长廊""探索机床奥秘""追踪3D打印""折花魔术师""烘焙小能手""汽车大世界""服装新天地""植物小盆景"等体验项目，引导青少年学生积极参与，科普职业常识，体会职业道德，了解职业技能，锻炼职业想象力、创造力、注意力和洞察力，取得了良好反响。

## 二、基地拓展阶段

自成为杭州经济技术开发区青少年学生第二课堂活动基地建设单位后，杭州职业技术学院全面落实省、市委关于加强和改进青少年职业教育的一系列指示精神，不断加强完善学校第二课堂基地及青少年职业能力体验中心建设，全面调动全校师生参与第二课堂活动建设的积极性，开展各类公益性活动，积极争取多方资源及支持，进一步提升项目质量。主要开展两方面建设，一是向内提升，通过开发新课程及加强内部管理等内控手段，不断提升项目质量；二是向外拓展，通过广泛遴选优质资源，建成多家青少年职业启蒙基地，进一步扩大项目辐射范围。

**（一）加强内部管理，不断提升培训质量**

内部管理和质量控制是项目品质的重要保障。学校从机构设置、人员配备、制度建设、教学管理、后勤保障等多方面严抓严管，确保不断提升项目品质，打造品牌项目。

完善师资及管理人员队伍建设。相关场馆配备一定数量高素质的专兼职讲解员，倡导文明服务，做到精神饱满、仪表大方、语言清晰、有亲和力；加强师资队伍建设，相关人员根据质量评价及质量考核结果实行动态调整。制定科学的年度工作计划和中长期工作规划，并严格按照计划开展相关工作。建有完整的项目管理制度，保证一定数量的专项经费投入。

充分利用校内现有场地资源，加强职业体验场所场馆建设。依照强化互动性、参与性、创新性的原则，建成具有良好馆容馆貌，整洁卫生、设置规范、设施安全的职业体验场所场馆。依托学校浙乡非遗馆、机床博物馆、校史馆等场馆建设，建成拥有完备且丰富的展品、实物、图片、说明等融为一体的职业体验场馆，设计完整、详细的文字简介、画册、折页、音像资料反映活动基地全貌。充分利用学校各专业实训室和实训基地，建成主题鲜明、重点突出、富有特色、结合实际、身临其境、效果明显的职业体验场所。

坚持公益属性，主动接受社会监督。通过问卷调查、随机访问、主题座谈等形式，听取来校体验的青少年学生、家长、社会各界的评价反馈，不断改进授课内容，丰富培训形式，并和行业、企业、街道、社区等单位建立共建关系，青少年职业启蒙及职业体验接待量持续增加。

**（二）实施共建青少年职业启蒙基地发展战略**

为进一步提升学校青少年职业能力体验中心活动辐射范围，丰富课程选择，增强课程的多样性、趣味性、职业性，推进落实立德树人根本任务，学校本着优势资源合作共享原则，共建一批青少年职业启蒙基地，为全国青少年提供多样的职业认知、职业体验、职业劳动、创新能力培养、研学、劳动实践等相关活动。

学校联合基地成员共同开展青少年职业启蒙基地建设。以公益性为原则，资源共享、服务发展；立足当地，着眼全国；各有侧重，协同实施。在基地运行实践过程中，学校与基地成员双方有合有分，各有侧重。日常管理主要由学校负责，包括制定基地的管理要求、运作流程及执行标准；基地的网页和公众号建立和管理；基地成员内部协调和资源整合，服务基地发展；基地的宣传与推广；基地各类会议、研讨的组织和落实；向体验活动提供优秀师资、场地及设备设施；并依托各基地，申报、争取各级各类相关项目与荣誉等。基地建设以3年为一个周期，建设期满后，经过双方联合评估周期内基地建设及活动开展情况，评估合格则继续下一周期的合作。

围绕职业启蒙基地建设，学校与基地成员"共建共享"课程资源。共同开发特色职业体验课程，形成"菜单式""进阶式"的职业体验课程体系，推进职业体验课程相关标准的制定，不断完善新的职业体验活动和研学项目；并依托基地和课程开发，不断推进和拓展职业体验活动范围，开展面向全市、全省乃至全国的职业体验活动。共同组建职业体验专家师资团队，共同开展职业体验理论研究，形成具有示范和引领全国的青少年职业体验"杭州样板"。共建职业体验多维度数据库，为政府推进青少年劳动教育提供智力支持。最终建成职业教育命运共同体，青少年职业启蒙基地运行模式示范全国。

## 三、联盟发展阶段

在青少年职业启蒙基地建设基础上，2019年开始，结合双高校建设，学校进一步扩展合作范围，提高合作共建层次，倡导成立了青少年职业启蒙（体验）杭州联盟。联盟在自愿、平等、互利、合作的基础上，由政府、学校、研学机构、研究院所、社团组织，行业组织、企事业单位等自愿结成的开放性、社会化的联盟合作组织。联盟基于各成员的优势资源与建设层次，积极开展各种活动，发挥桥梁纽带作用，促进青少年劳动教育、研学旅学、综合实践、职业启蒙、职业体验、职业测试、职业规划等向更高层次迈进（图3-7）。联盟以《教育部等部门关于推进中小学生研学旅行的意见》《中小学综合实践活动课程指导纲要》《中小学德育工作指南》等法律、法规和规章为指导开展工作，为青少年职业启蒙及职业体验提供资源和服务。

图 3-7　杭职院青少年职业启蒙（体验）模式示意图

联盟秉承自愿、平等、合作、发展的建设理念，在联盟成员之间建立长期的互利互惠合作关系，实现联盟的可持续发展（图 3-8）。联盟的主要工作包括：组织开展全国青少年职业启蒙及职业体验活动；开展职业启蒙及职业体验课程建设，评定优秀职业启蒙及职业体验课程；推进联盟各项目专兼职师资队伍发展和业务培训，打造专业管理运营团队；围绕解决青少年职业启蒙、职业体验、职业规划等职业教育长期存在的问题开展科学研究，定期组织各联盟成员进行工作经验交流会和科研成果报告会；推动联盟成员合作探索职业启蒙（体验）培训规律，共同解决职业教育改革与发展中出现的新问题等，为中国特色现代人才培养制度建设做出贡献。

联盟设有联盟成员大会、理事会和秘书处。联盟成员大会由全体联盟成员共同组成，是联盟的最高权力机构。理事会设有名誉主席、主席、副主席、常务理事，每届任期五年，可连选连任。名誉主席为终身聘任制。理事会下设秘书处，设在杭州职业技术学院，设有秘书长、副秘书长。其中秘书长 1 名，由理事会成员担任，每届任期五年，可连选。

联盟成员大会职责包括：参与制定及修改联盟章程、参与制定联盟发展规划和工作方针、审议联盟年度工作报告和下年度工作计划、决定联盟议程的变更和终止、审议联盟成员提交的其他报告等。联盟成员大会会议包括联盟大会和联盟大会临时会议，由主席或秘书长召集。遇到重大或紧急情况，经半数以上理事会成员提议，可召开联盟大会临时会。

联盟理事会职责包括：审议联盟章程、审议联盟基本管理制度、审议联盟发展规划和工作方针、审议联盟年度工作报告、审议联盟大会变更或终止联盟议案、审议其他重大事项等。理事会会议包括理事会常务会议和理事会临时会议，由主席或秘书长召集。

联盟秘书处职责包括：负责联盟的日常事务及活动策划；执行联盟大会及理事会决议；负责组织、管理、协调联盟的各项工作；负责联盟成员大会会议及理事会会议的筹备和召开；起草联盟年度工作报告；负责受理加入联盟的申请，对申请单位或个人资格进行初步审查；依据联盟有关处罚制度提议除名违规联盟成员及受理联盟成员退出联盟的申请等。

联盟成员由单位联盟成员和个人联盟成员组成。一般以单位联盟成员作为主要接纳对象。吸纳成员坚持"入盟自愿，退盟自由"的原则，做到遵纪守法，承认联盟章程，认可联盟理念，志愿加入联盟并积极承担和履行联盟成员的各项责任与义务。单位联盟成员可以是在中华人民共和国境内依法登记注册的企事业单位，可以是热心支持并促进青少年健康发展的社会机构或组织，或者符合入盟条件的其他有关法人组织。个人联盟成员为关心和支持本联盟工作，并在青少年职业启蒙领域有显著成绩者，或者在中华人民共和国境内依法登记注册的企业法定代表人。想要获得联盟成员资格，需要由申请方发起加入联盟申请，提交至联盟秘书处进行初审，再经联盟理事会批准，批准后成为联盟正式成员。对违反法律法规、损害联盟利益、声誉、不遵守联盟章程或不履行义务的联盟成员，视情节轻重，联盟有权取消其联盟成员资格。

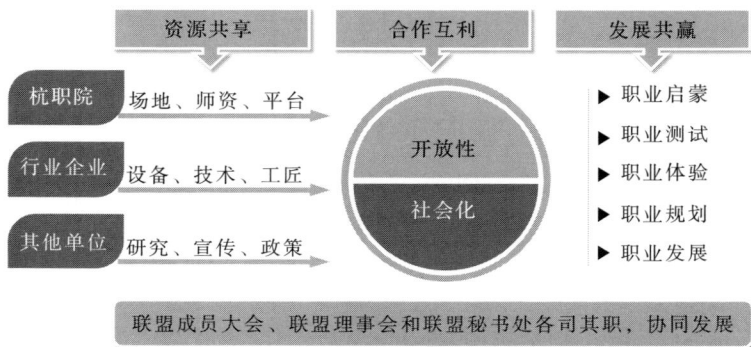

图 3-8　青少年职业体验共建单位的关系示意图

## 第四节　杭职院开展青少年职业体验的成效

### 一、青少年职业体验中心建成进一步丰富了职业教育服务平台

学校主动承担社会责任，以公益性为原则，依托校企共同体办学体制优势，利用学校各类场地、专业、师资，服务区域青少年职业启蒙和职业实践，先后获得杭州市中小学研学旅行基地、浙江省劳动实践基地暨职业体验基地、浙江省劳动实践基地暨学农基地等资质。

2019年，学校被杭州市教育局、杭州市文化广电旅游局认定为杭州市中小学学生研学旅行基地。以培养中小学学生技能、集体观念、创新精神和实践能力为目标，开展研究性学习，增强中小学学生的社会责任感，促进德智体美劳全面发展，实现校内校外教育有机衔接，实践育人。

2020年，学校被浙江省教育厅认定为浙江省第二批劳动实践基地暨职业体验基地。学校充分利用校内实训场所及设备设施，丰富拓展中小学劳动实践场所，满足中小学多样化劳动实践和职业体验需求，提升中小学劳动教育支撑保障能力，积极促进中小学学生来到学校的劳动实践基地暨职业体验基地开展劳动实践和职业体验活动，培育青少年的劳动素养。学校充分发挥场所优势、专业优势和师资优势，为广大中小学生提供职业体验活动，做好职业启蒙，促进普职融通，为全省职业体验类的中小学劳动实践基地建设做好示范引领。

2022年，学校被浙江省教育厅、浙江省农业农村厅、浙江省林业局联合认定为浙江省劳动实践基地暨学农基地。学校以培养学生劳动观念、劳动精神、劳动能力、劳动品质、劳动习惯为核心追求，开展劳动教育，传授劳动知识，培养劳动技能，进行劳动实践，塑造劳动价值，为促进中小学生全面发展提供良好的劳动实践场所。同时，依托浙江省劳动实践基地暨学农基地，积极探索中小学劳动教育的有

效模式和途径，完善劳动实践课程，丰富劳动实践资源，构建模式多样、机制健全的劳动教育体系，形成区域劳动教育特色，推动杭州中小学生劳动教育深入开展。

这些资质认可拓展了学校社会服务的范围，通过各项职业启蒙及职业体验活动开展，激发青少年职业观念，弘扬劳动精神，培养创新意识，培育正确职业观，实现职业教育和普通教育的相互沟通，促进职前教育和职后教育有效衔接。

## 二、青少年职业体验中心建设进一步夯实了"双高"建设成效

2019年，学校入选教育部"双高校"并开展"双高"建设。针对"青少年因缺乏对职业认知和职业方向的认知，导致对职业不感兴趣，没有方向"等难题，学校专门开展了主题为"贡献职教智慧、精心培育青少年职业体验的杭州模式"专题建设。围绕四个维度进行建设，分别为：共建青少年职业体验"杭州联盟"，打造职业教育命运共同体；整合顶尖专家团队，打造高水平职业生涯规划与发展指导中心；对接产业科技发展，建设一批优质职业启蒙基地；服务多元职业体验需求，开发一批优质职业体验课程。

"双高"建设以来，学校通过整合技师学院、职业高中、行业协会、大型上市集团、创意公司等多类资源共建青少年职业启蒙"杭州联盟"，联盟成员数量达到63家，共建共享职业启蒙基地38家，累计为青少年提供职业体验、职业咨询等服务52687人次（图3-9）。成立职业规划与生涯指导中心，建成高水平的职业规划、职业生涯指导专家团队，开展职业咨询与指导累计14284人次。同时加强理论研究，立项4本专著开展职业体验理论及杭州模式实践研究，全方位凝练职业启蒙杭职经验。同步建设数字化平台，完成专题网页和公众号开发，及时公布各类体验讯息，并实现学校机床博物馆、720°度全景校园、职业素养展示中心等在线体验模块上线，服务多元体验需求，共建共享职业启蒙课程312门，精品课程71门，具有"杭职特色"

图3-9 源清中学学生来校进行职业体验

的职业启蒙课程体系基本形成。

## 三、青少年职业体验中心建设进一步提高了师生社会服务能力

2014年项目启动至今，每年来校进行职业体验的人数稳定，特色鲜明、内容充实、过程有序、有趣安全的体验项目获得青少年和家长们的热烈欢迎，杭州网、新浪浙江、凤凰网、青年时报等媒体都相继进行了报道，社会反响热烈。通过青少年职业体验中心的建设，对各相关方面能力提升促进作用明显。

（一）青少年在真实体验中开启职业心智

通过职业体验活动，让青少年学生了解职业教育的专业特色，增长职业知识和专业技能，开阔职业视野。在听、看、摸、操作、提问、评价的过程中，大量接触普通课堂和日常教学难以涉及的真实生产环节、生产过程和生产规范，提高青少年对真实生产过程的感性认知，青少年学生通过动脑思考，动手操作，在互动体验过程中不断强化职业感知（图3-10、图3-11），形成职业认知，确定职业目标。

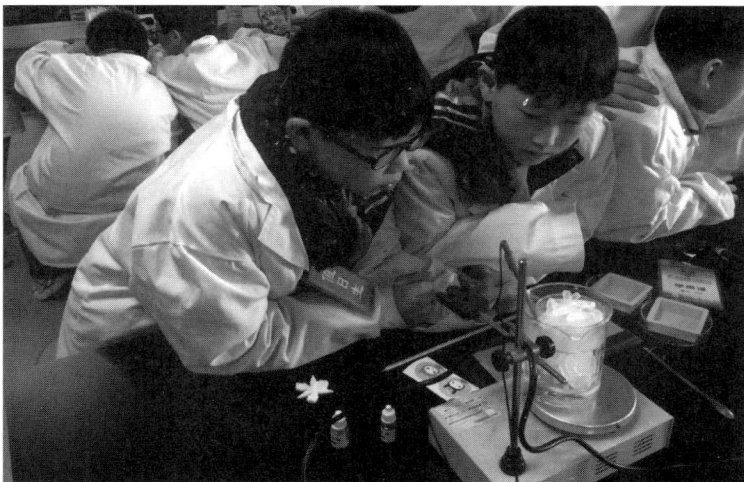

图3-10　新世纪学校学生体验肥皂制作

（二）高职学生在志愿服务中提升职业素养和综合能力

青少年职业体验活动给了高职学生充分展示自己才能的机会，他们主动参与，提升了自信心，增强了合作互助、独立自主、勤思考勤动手的能力；职业体

图3-11 文海小学小队来校进行职业体验

验活动的接待及展示工作，也锻炼了一批学生专业骨干，培养了学生干部，展示了志愿者的服务风采，锻炼了学生社会实践的能力，提升了责任意识，达到了课堂教学中难以达到的教育效果。

（三）教师在反哺实践中锤炼课程研发能力和教学能力

通过开发与指导相应的职业体验课程，高职教师的课程开发与教学改革能力得到明显提升。通过教学活动，教师的社会责任感和职业信念得到加强；通过与青少年的沟通，充分了解他们的学习、心理现状，进一步掌握高职学生的学情。同时，通过现场观摩及互动参与，也有效提升了来校体验的中小学教师的职业教育意识和职业指导能力。

（四）学校在服务社会中拓展专业品牌和社会影响力

学校在开展职业体验活动的过程中，通过在教学楼、实训室等主要活动场所张贴活动项目介绍、职业文化和活动流程等图文并茂的宣传资料，营造了浓郁生动的职业氛围，通过来校体验的青少年及相关人员口口相传，扩大了学校的专业影响力和社会知名度。更让学校的优质教学资源辐射社会，实现高职教育对基础教育的反哺，以职业体验活动充实中小学生的素质教育，实现对青少年的职业认知、职业体验和职业规划的教育目标，实现职业教育和普通教育的有机融通，促进了高职教育与基础教育的有效衔接，形成了职业教育反哺基础教育的"杭州经验"。

# 第 四 章

# 杭职院青少年职业体验的项目设计与课程开发

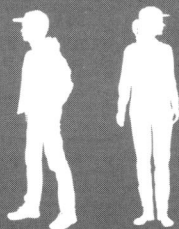

青少年职业体验教育应以职业生涯发展理论、个性化教育理论以及职业教育课程等为理论依据，青少年职业体验教育项目设计与课程开发实施方法应遵循阶段化设计课程目标、项目化开发实践课程、模块化丰富课程内容、情境化开展课程实施等原则。目前主流现行的青少年职业体验教育主要包括家庭探究模式、社会探访模式、企业参观模式以及学校活动模式等。职业体验教育课程还存在着设计缺乏理论研究，体系化不足；职业体验教育课程目标不明确，目标偏离或泛化；职业体验教育课程实施流于形式，教学效果不佳等问题。杭职院基于职业生涯教育理论，科学系统地开发了系列职业体验教育课程，为职业院校开发职业体验教育课程提供了参考。

## 第一节 青少年职业体验的项目设计与课程开发理论

### 一、青少年职业体验教育项目设计与课程开发的理论依据

（一）职业生涯发展理论

美国在20世纪初就开展了职业指导运动，职业生涯发展理论也应运而生。这其中，最著名的理论包括帕森斯的特质因素理论、舒伯的生涯发展理论等。美国波士顿大学教授弗兰克·帕森斯（Frank Parsons）在其《选择一个职业》的著作中提出了人与职业相匹配是职业选择的焦点的观点，他认为，个人都有自己独特的人格模式，每种人格模式的个人都有其相适应的职业类型，人职匹配主要包括特质与因素两类的匹配。所谓"特质"，就是指个人的人格特征，包括能力倾向、兴趣、价值观和人格等，这些都可以通过心理测量工具来加以评量。所谓"因素"，则是指在工作上要取得成功所必须具备的条件或资格，这可以通过对工作

的分析来了解。❶特性—因素论强调个人的所具有的特性与职业所需要的素质与技能（因素）之间的协调和匹配。为了对个体的特性进行深入详细的了解与掌握，特性—因素论十分重视人才测评的作用，可以说，特性—因素论进行职业指导是以对人的特性的测评为基本前提。它首先提出了在职业决策中进行人—职匹配的思想。这一"人职匹配"理论得到了普遍认可，广泛用于人们职业的选择与转换。

著名职业生涯规划师唐纳德·E.舒伯（Donald E.Super）则根据多年的研究，将人的职业生涯划分为五个阶段，包括成长、探索、建立、维持和衰退五个阶段，这五个阶段是可以和人一生的发展周期相匹配的。❷第一阶段——成长阶段：由出生至14岁，该阶段孩童开始发展自我概念，以各种不同的方式来表达自己的需要，且经过对现实世界不断地尝试，修饰他自己的角色。第二阶段——探索阶段：由15岁至24岁，该阶段的青少年通过学校的活动、社团休闲活动、打零工等机会，对自我能力及角色、职业做了一番探索，因此选择职业时有较大弹性。第三阶段——建立阶段：由25岁至44岁，由于经过上一阶段的尝试，不合适者会谋求变迁或做其他探索，因此该阶段较能确定在整个事业生涯中属于自己的位置，并在31岁至40岁，开始考虑如何保住这个位子，并固定下来。第四阶段——维持阶段：由45岁至65岁，个体仍希望继续维持属于他的工作位子，同时会面对新的人员的挑战。这一阶段发展的任务是维持既有成就与地位。第五阶段——衰退阶段：65岁以上，由于生理及心理机能日渐衰退，个体不得不面对现实从积极参与到隐退。这一阶段往往注重发展新的角色，寻求不同方式以替代和满足需求。

根据生涯发展理论对青少年职业生涯教育的指导可知：职业生涯教育呈现动态性发展的历程，并且应依据青少年的"特质"（兴趣、能力等）以不同的形式贯穿于青少年受教育的各个阶段。而青少年职业体验应对应职业生涯的成长期，这个阶段的发展任务是：发展自我形象，发展对工作世界的正确态度，并了解工作的意义。这个阶段共包括三个时期：一是幻想期（4~10岁），以"需要"为主要考虑因素，在这个时期幻想中的角色扮演很重要；二是兴趣期（11~12岁），以"喜好"为主要考虑因素，喜好是个体抱负与活动的主要决定因素；三是能力期

---

❶ 金树人.生涯咨询与辅导［M］.北京：高等教育出版社，2007（6）：47–139.

❷ 沈之菲.生涯心理辅导［M］.上海：上海教育出版社，2000（6）：3.

（13～14岁），以"能力"为主要考虑因素，能力逐渐具有重要作用。因此，职业体验教育项目设计与课程开发应以建立对职业的基本认知、挖掘个体兴趣所在，以及专业能力的初步培养为主。

（二）个性化教育理论

传统的智力理论认为人类的认知是一元的、个体的智能是单一的、可量化的，而美国教育家、心理学家霍华德·加德纳（Howard Gardner）在1983年出版的《智力的结构》一书中提出"智力是在某种社会或文化环境价值标准下，个体用以解决自己遇到的真正的难题或生产及创造出有效产品所需要的能力"。每个人都至少具备语言智力、逻辑数学智力、音乐智力、空间智力、身体运动智力、人际关系智力和内省智力，后来，加德纳又添加了自然智力。❶这一理论被称为多元智力理论（Multiple intelligences theory）。

基于多元智力理论，加德纳提出了个性化教育的设想，个性化教育是指根据学生的个性差异，允许每个学生按各自学习风格、速度、兴趣进行学习。个性化教育建立在充分理解和尊重每个学生的兴趣、智力、能力的基础上，从而提供务实、具操作性、系统性的个别化教育服务。事实上，个性化教育理念与帕森斯的特质因素理论具有一定的相通性，它们均认同个人的不同特质，并且认为在职业发展或者是在教育中都应尊重这种个体差异与特质。因此，青少年职业体验教学设计应当依据个性化教育理论，开发不同职业领域、工作任务的职业体验课程，以供青少年依据自己的兴趣所在选择不同的项目课程，以兼顾不同的学习需要。

（三）职业教育课程理论

职业体验是职业生涯发展的初级阶段，它包含职业理想探索、职业意识塑造及职业情感建构等内容，是一种职前准备。职业体验使人对职业进行认识和觉悟，是职业角色构建的必要准备。为了实现职业体验，于是就有了"职业体验教育"。从逻辑上说，职业体验教育是广义职业教育的基本组成部分，因此职业体验教育应遵循职业教育的一般规律；自然，其课程开发也应与职业教育课程开发的基本逻辑与方法相一致。职业教育课程理论有两个核心观点：一是职业教育必

---

❶ 林崇德.发展心理学［M］.北京：人民教育出版社，2008.

须形成自己独特的课程理论与实践模式。二是职业教育课程所选择的必须是实践中心模式，而不能是学问中心模式，这是由技术知识的性质与结构所决定的。应把实践作为职业教育课程的逻辑核心。❶

因此职业体验教育的课程目标应该将学生综合职业能力作为中心，以此展开课程教学。综合职业能力涵盖通用能力与专业能力，专业能力指的是在专业领域中职业活动应该具备的能力，这是职业的基础和技能。通用能力指的是无论何种职业，都应该具备的能力。所以，职业体验教育课程在开发过程中，都应该将职业能力培养作为目标，为教学奠定基础。而这种能力的培养意味着必须以实践为导向开发职业体验教育课程。

## 二、青少年职业体验教育项目设计与课程开发实施方法

### （一）阶段化设计课程目标

职业体验教育的课程目标不仅体现着课程的价值取向，还体现着课程对效果的预期。开发的职业体验课程应符合学生的身心特征，因此，应明确各个阶段的职业体验教育目标，从而细化设计课程目标。尊重学生的身心发展特点和认知规律，遵循不同阶段学生的发展需求，由浅入深进行职业体验课程设计。小学、初中、高中不同学段的学生身心发展与生涯发展理论相一致。小学阶段处于幻想期，受年龄、认知水平的影响，对社会、职业接触较少，认识也较模糊；应以基本职业认知、尝试体验为主要目标，使该阶段的学生了解较多的职业，增强学生对不同职业认知，提供给学生更多尝试与体验的机会，使其了解社会职业的基本内容。初中阶段处于兴趣期，认知水平有所提高，对社会职业也有了一定的了解，开始逐渐产生自己的职业兴趣。因此，该年龄阶段的学生应以职业能力的学习为主要目标，培养学生获取相关信息、分析判断的能力，传递正确的职业观，要创设多种情景，让学生在情景中对自我、职业进行探索。高中阶段处于能力期，能力的作用逐渐重要，在职业兴趣的引导下，该阶段的学生开始探索职业中的核心技能，因此应以专业技能的学习与体验为主要目标，让学生了解从事某项职业应掌握具备的核心专业技能。

---

❶ 徐国庆.实践导向职业教育课程研究［D］.上海：华东师范大学，2004.

（二）项目化开发实践课程

目前职业体验教育课程过多采用讲授法，缺少学生的参与和体验，职业体验教育课程变成了职业知识的单向传授。了解职业知识和职业技能操作流程等固然重要，但职业体验更应强调通过学生的动手实践、亲身体验去体会建构知识、形成认识、培养技能、产生职业情感。因此职业体验教育课程在过程中必须重视学生的实践。这就要求职业教育课程以实践导向的项目化课程为基本形式进行开发。项目化课程就是将课程以"项目"的形式呈现，师生通过共同实施一个完整的工作"项目"而进行的教学，是将职业知识、技能及能力等内容转化为若干个教学项目，围绕着项目组织和开展教学，使学生通过直接参与项目而获得知识与技能。因此，职业体验教育课程应基于职业的工作任务与过程，以培养学生职业认知、职业核心能力以及职业素养等为出发点，通过开发一个个完整工作任务项目，引导学生主动参与，在"学中做，做中学"。

（三）模块化丰富课程内容

职业体验是一个增强学生职业认知，激发学生职业兴趣，树立正确的职业观念，帮助学生理性地做出职业选择的过程。因此学生在职业体验教育中必然经历一个从迷茫到明朗的过程，在这个过程中最为重要的就是让学生能够有足够的机会去尝试、探索与体验，从而挖掘其自身的兴趣与潜力。另外，职业体验教育课程的建设一定是基于具体职业的，是需要建立在职业分类基础上的职业小类或职业中类乃至职业大类的基础上，进行职业体验教育课程体系的构建。

也就是说职业体验教育课程不仅应系统化，同时还应满足可选择的需求，因此需要在课程体系设计的框架下模块化地开发课程内容，以满足职业体验教育课程既能选择性尝试，又能系统学习的要求。因此职业体验教育课程开发需设计由若干模块课程构成具有一定层级的课程体系，形成一系列载明课程的目标、内容、实施方法和要求等要素的模块课程方案。

（四）情境化开展课程实施

所谓课程实施情境化，是指教师在教学过程中引入或创设一定的情境，把知识、技能转化为与知识、技能运用的情境。在情境教学中，学生能通过自己的感知、探索来认识世界，是通过学生与自然、社会与他人发生相互作用来构建自我的认知与学习技能。在职业体验教育课程中，这种情景化教学引导学生自主地探索与体验是非常重要的，通过情景化教学可以有效引导学生，使枯燥的学习产生丰富体验感，增加了学习的生动性、趣味性与直观性，使得学生能更为身临其境地体验与感受某一种职业，并激发职业兴趣与潜能。因此职业体验教育课程实施应当要具备体验性和情境性，在接近真实的工作场景中进行教学，提供工具和原材料，以学生的深度参与、亲身体验为主，让学生动手操作，调动各种感官，深切体会职业的价值、职业道德和职业素养等。

## 第二节 当前青少年职业体验课程建设的现状

### 一、当前青少年职业体验教育项目的主要模式

近年来，国家逐渐重视中小学生开展职业体验（启蒙）教育，连续发布《中小学综合实践活动课程指导纲要》《中共中央国务院关于深化教育教学改革全面提高义务教育质量的意见》《中共中央国务院关于全面加强新时代大中小学劳动教育的意见》等相关文件，这些文件中都提到了关键词：职业体验。2021年发布的《中华人民共和国职业教育法（修订草案）》更是明确指出，县级以上人民政府教育行政部门应当支持和鼓励普通中小学根据实际需要增加职业教育的教学内容，开展职业体验、职业认知、职业体验与劳动技术教育，并组织和引导职业学校、职业培训机构、企业和行业组织等为其提供条件和支持。因此，近年来，各地各学校都积极探索职业体验教育，并逐渐形成了几种主要的实施模式。

（一）家庭探究模式

家庭探究模式是结合家庭成员工作单位及职业岗位而设计的职业体验活动，通过学生对家庭成员职业的探究来了解社会职业，这种模式主要针对低年段学生。通常会采取邀请家长到学校分享交流，或者作为寒暑假社会实践活动让学生采访或观察家庭成员的职业与工作等形式开展。课程目标主要定位在了解家长的工作单位、职业性质、岗位要求以及对待工作的态度等，培养学生的职业认知与敬业爱岗的工作精神。这种模式很好地利用了家庭资源，能让学生从最亲密的人身上对社会职业有一定的认识，能给学生带来较为直观的感触，但是这种家庭探究模式局限性较强，一方面这种模式仅限于低年龄段学生的职业初步认知，无法

满足较高年龄段学生对职业的探索；另一方面这种模式能够提供给学生了解的职业非常少，难以让学生探索更广泛的职业范围。

### （二）社会探访模式

社会探访模式主要是以社会调查活动的方式开展，主要针对中低年段的学生，学校结合教学指导，让学生寻访校园里、社区内以及各生活场景中从事普通职业的人，通过采访、观察等途径综合了解受访者的工作性质和职业特点，引导学生多途径了解受访者的职业特点、工作环境以及对待工作的态度等。社会探访模式能够引导学生主动探究社会职业，让学生通过调查形式了解不同职业。但这种模式因为通常采用口头交流以及浅层观察的形式进行，仅能给学生带来较为粗浅的职业认识。

### （三）企业参观模式

企业参观模式主要是通过组织学生进企业参观，身临其境进入企业真实工作环境，到现场进行有目的的观察、记录与体验，从而更好地了解真实工作内容、职业性质以及职业活动的特点等。这种职业体验教育模式一般以社会实践活动的形式开展，主要针对中高年段学生。企业参观模式能够为学生带来最为直观的职业认知，甚至能通过一些实践活动直接体验真实的职业工作。但这种模式的组织与进行非常有赖于地方政府或学校的组织能力以及与企业间的合作关系。部分地方政府重视中小学生职业体验教育，能够广泛组织这种活动，部分学校能依赖自身与企业间的良好合作关系组织开展这类活动，但大多数学校没有能力组织这类活动，地方政府在这方面的努力也相对缺失。

### （四）学校活动模式

学校活动模式主要是在学校内组织开展职业体验教育活动，这种模式主要包括职业体验教育理论与职业体验活动两类课程。职业体验教育理论一般以职业规划启蒙为主，主要包括"兴趣选择—理解职业—畅谈理想—规划自我"等内容。职业体验活动一般以校内服务体验与校外实践体验相结合的方式开展。在学校内设立校园实践锻炼岗位，让学生了解学校服务岗位的特征，形成熟练的做事技能；培养坚守岗位、认真负责的责任心。在校外集中组织例如学农、消防演练、急救学习等职业技能体验活动。通过校内校外、理论与实践的结合让学生树立职业观念，学习一些基本职业技能。但这种模式在教育中仍属于碎片化的教学，难以形成由浅入深的系统化的职业体验教育课程。

## 二、当前青少年职业体验项目与课程的主要问题

### （一）职业体验教育课程设计缺乏理论研究，体系化不足

职业体验教育课程的设计与实施不是主观任意的，需要我们对职业体验教育课程的开发理论有充分的理解。职业体验教育课程的开发要紧紧围绕"职业体验"，"职业"规定了课程类型性质，决定了课程目标、课程内容、课程实施乃至课程评价都要围绕"职业"来系统构建。从内容上看，职业体验教育课程的内容应系统地包括：职业认知、自我认知、技能学习、劳动意识、态度和习惯等。在课程实施上，职业体验教育课程应遵循教育规律、受教育者身心发展规律和职业活动规律，构建形成阶段进阶式的职业体验教育课程体系。然而目前多数实施的职业体验教育课程因对课程内涵、性质、价值以及开发原理等理论研究的缺乏，往往限于简单地开设一些理论课程或体验活动，把职业体验教育课程窄化为职业规划课程或者某一技能体验学习，未科学地建立起成体系的职业体验教育课程。

### （二）职业体验教育课程目标不明确，目标偏离或泛化

职业体验教育课程开发过程中，确定目标是课程开发的第一步，但现行的多数职业体验教育课程开发目标都不够明确，存在着偏离或泛化的问题。一是目标的窄化，过于强调职业知识和职业技能的要求，以职业知识和职业技能代替启蒙目标。实际上，职业体验教育目标不应过分强调学生掌握职业知识的多少、职业技能的标准化和熟练化程度，而是应让学生认识到每种职业的价值和劳动的伟大，通过体验了解从事该职业所需要的知识和品质，激发学生的职业兴趣。二是目标的泛化，课程目标太过于空泛，缺少职业针对性。职业体验教育课程目标应在课程开发初始就制定明确的培养目标，而不是初步泛化的培养目标，不同职业课程的培养目标应不相同，不同课程形式的培养目标应不相同，不同年龄阶段的培养目标也应不相同。

（三）职业体验教育课程实施流于形式，教学效果不佳

现行的职业体验教育课程实施存在着轻实践的问题，职业体验教育方式单一，课程流于形式。由于职业体验教育在中小学教学中未受到应有的重视，教师缺乏专业的职业体验教育水平，对职业体验、职业核心能力等知之甚少，就只能在课堂中讲授书本上的理论知识。因此，许多职业体验教育课程过多地采用讲授法，缺少学生的参与和体验，职业体验教育课程变成了职业知识的单向传授。此外，现行较为主流的短期活动式职业体验教育课程由于时间短、设计不系统等原因成为"走马观花"式的粗浅的体验活动。学生虽然在过程中有了实践与体验，但未涉及职业核心技能、专业能力以及职业精神等。职业体验教育需要促进学生职业认知和行为的变化，为学生今后的课程选择、课外活动、大学专业选择、职业规划等提供帮助，从这一角度而言，不论是讲授式还是简单体验活动式的职业体验教育课程都不能达到职业体验教育应有的教学效果。

第三节 **杭职院青少年职业体验项目设计与课程开发的具体做法**

## 一、杭职院青少年职业体验项目设计与课程开发的具体做法

（一）依据职业特点开发"菜单式"职业体验课程

依托职业体验基地，携手职业体验"杭州联盟"成员单位、紧密合作企业、社会文化机构等，共同开发职业体验类、科学探索类、文化艺术类、生活技能类、紧急救护类等10个系列的300余门职业体验课程。一是职业体验类课程，与达利国际、友嘉集团、康迪新能源汽车、翻翻动漫等企业共同开发"个性化T恤绘制""智能制造机床奥妙""动漫面具制作""编程小能手""小小汽车检验师""创意软陶泥车模制作"等课程。二是科技探索类课程，即与科技企业、科技馆等共同开发"无人机飞行体验""3D打印""激光切割机制作工艺品""神奇算法实现""机器人认知体验之旅"等课程。三是文化艺术类课程，包括"闻香品茗""花卉园艺""有效沟通""舞蹈形体"等课程。四是生活技能类课程，包括"海报制作""快乐网购""焙烤制作""食品快检""家庭网络安全""个人网页制作"等课程。五是安全救护类课程，开发"电梯困人逃生""心肺复苏"等课程。职业体验课程设计贴近生活，趣味性、操作性、职业性强，成果可"视"，注重角色扮演和情景体验，让中小学生了解职业知识，感受职业文化，增强中小学生的职业认同感、职业精神和创新意识。

（二）依据学生特点"进阶式"开展职业体验

开展职业体验教育符合学生的身心发展规律，根据小学、初中、高中三个阶

段的学生个体认知水平、职业了解程度、职业探索能力等，实施与相应年龄阶段学生需求和身心水平相适应的职业体验教育活动内容和方式：小学阶段以"职业体验"为主导，初中阶段注重"技能体验"，高中阶段以"职业探究"为主。课程设计既注重贴近生活、融入专业，又强调成果可"视"、塑造角色扮演和情景体验，趣味性足、操作性强、职业性高。形成"小学以参观和模拟为主、中学以职场体验为主、高中以职场见习为主"的各级职业实践活动递进体系，从职业体验、职业认知到职业规划渐进展开，相互衔接，形成体系，实现从职业感知、职业兴趣、职业认知、职业分工、职业理想、职业指导等层面逐步递进发展的教育目标。

（三）开展线上线下相结合的课程学习模式

在疫情常态化背景下，以及考虑到学生日常学习的需求，杭职院不断完善课程设置，尤其是非遗课程类课程，已全部实现线上线下相结合的学习模式，部分课程已经完成英文版本的升级，让学生在紧张的学习之余，根据自己的职业喜好，选择相应的课程自主开展学习，培养学生的学习兴趣和良好的学习习惯，培育良好的职业素养。

## 二、杭职院青少年职业体验课程开发保障

（一）建立多方合力的师资保障

依托学校强大的师资队伍，充分发挥学校专业课教师、实习指导教师和企业专业技术人员、能工巧匠的作用，打造了一支具有职业规划师、职业生涯教练、心理咨询师资质，专兼结合的高水平专业化职业体验教育教师队伍，作为职业体验的授课教师。同时，为确保学习效果和学习安全，遴选专业的优秀学生作为课程的助教，在管理和维持活动安全、秩序的同时，协助教师更好地完成任务。此外还聘请了职业生涯规划专家、人力资源管理专家、青少年职业体验联盟成员相关课程负责人，打造一支学科交叉、优势互补的高水平职业生涯规划、发展研究与指导团队，建立多方合力的师资保障。

（二）加强课程开发的制度保障

建立健全青少年职业体验课程教学计划编制、课程教师教学教务管理、专

职负责人、班主任、财务等相关制度。组建课程开发领导小组，定期召开专题研讨会，明确组织架构，落实责任分工，由继续教育学院牵头组织制定项目实施方案、计划，各二级学院、专业协助配合，落实具体工作，保证定期更新丰富职业体验课程。研究设计形成青少年职业体验课程方案体例，统一规范课程开发体例。

### （三）建设实践实训的场地保障

充分挖掘学校现有的实践场地，充分利用校内外实训工场的资源，如实训工场、公共实训基地、大师工作室等实践实训场地。根据课程需求匹配适宜的实践实训场地，可按常规行政班级人数提供劳动岗位，也可以根据劳动体验项目进行年级混编，满足不同形式不同需求的劳动职业体验。在实训工场和大师工作室安排中小学生的劳动实践项目，让学生在真实的劳动岗位中进行职业认知和学习，培养学生的职业兴趣。

## 三、杭职院青少年职业体验课程开发成果

经过几年的探索和实践，根据青少年各个学段的知识、心理特征，为满足从幼儿园、小学、中学到高中阶段对职业体验的不同需求，已经形成系统的、分层分类的菜单式课程，更是联合了一批企业和学校，共同开发了300余门各具职业特色的体验课程（部分课程清单展示如表4-1所示），孩子们有非常大的空间去选择自己喜欢的项目。

表4-1 杭州职业技术学院青少年儿童职业体验课程一览表（部分）

| 序号 | 分院 | 课程名称 | 类别 | 课程说明 | 课程设计 | 课时 | 人数 | 课程对象 | 设施设备及预算 |
|---|---|---|---|---|---|---|---|---|---|
| 1 | 友嘉机电学院 | 可爱机器人 | 观摩体验类 | 简单了解机器人结构，通过程序的调整使机器人动作，最后输出孩子们的名字作为纪念 | 1.讲解机器人的现状与原理<br>2.带领学生初步认识机器人各部件及组成部分<br>3.由专业教师设置好程序<br>4.有兴趣同学提供自己名字<br>5.由专业教师在PLC程序中输入变量 | 2 | 30 | 均可 | 绘图夹具、绘图笔、纸张 |

续表

| 序号 | 分院 | 课程名称 | 类别 | 课程说明 | 课程设计 | 课时 | 人数 | 课程对象 | 设施设备及预算 |
|---|---|---|---|---|---|---|---|---|---|
| 1 | 友嘉机电学院 | 可爱机器人 | 观摩体验类 | 简单了解机器人结构，通过程序的调整使机器人动作，最后输出孩子们的名字作为纪念 | 6.学生可自己操作实现<br>7.启动机器人<br>8.完成文字的输入<br>9.取下打印了自己名字的纸张作为纪念 | 2 | 30 | 均可 | 绘图夹具、绘图笔、纸张 |
| 2 | 友嘉机电学院 | 3D小模型打印 | 观摩体验类 | 想知道3D打印机怎样打印出一只小黄人、一个小狗狗吗？想把自己的设计用打印机打印出来吗？请来"3D小模型打印"体验课吧 | 1.讲解3D打印技术的现状与原理<br>2.从现有产品库里选取想要打印的产品<br>3.学生观摩3D打印的开机、数据转换、打印设置等操作<br>4.观摩打印过程<br>5.打印结束<br>6.取出产品模型。去掉模型支撑部分，完成模型整理，可将模型带回家 | 2 | 30 | 初中生、高中生 | 计算机（安装3D-ONE软件）、打印机（创想T-300）、打印耗材（FDM9）、铲子、镊子、U盘 |
| 3 | 商贸旅游学院 | 身边的原始凭证 | 讲解类 | 发现身边的各类原始凭证，了解它们的用处 | 1.导入课程：展示各类原始凭证，留意身边的各类原始凭证，如餐饮发票、打车发票、买文具的发票等（10分钟）<br>2.讲解：它们的用处介绍（40分钟）<br>（1）可以保障许多自身的权益。如出租车上掉了东西可以马上找到车主；买了过期产品，可以凭发票向店主维权<br>（2）能保证国家的税收<br>（3）可以成为零花钱记账的依据，养成勤俭节约的习惯 | 2 | 30 | 高中生 | 餐饮发票、出租车发票、文具发票等 |

| 序号 | 分院 | 课程名称 | 类别 | 课程说明 | 课程设计 | 课时 | 人数 | 课程对象 | 设施设备及预算 |
|---|---|---|---|---|---|---|---|---|---|
| 3 | 商贸旅游学院 | 身边的原始凭证 | 讲解类 | 发现身边的各类原始凭证，了解它们的用处 | 3.示范指导：零花钱如何记账，用现金日记账的格式，介绍记账方法（35分钟）<br>4.检查点评总结：对学生完成的情况进行评价总结（15分钟） | 2 | 30 | 高中生 | 餐饮发票、出租车发票、文具发票等 |
| 4 | 商贸旅游学院 | 股票投资能手 | 观摩体验类 | 你想成为股票投资家吗？想了解股票的概念，明白家长为什么投资股票吗？快来体验股票投资的快乐吧 | 1.通过计算机开启股票行情软件，介绍软件中股票的含义和操作方法（20分钟）<br>2.以案例展示的方式介绍股票行情波动及其对盈亏的影响（20分钟）<br>（1）牛股案例<br>（2）熊股案例<br>3.结合新闻解释股价波动的驱动力，介绍股票投资的理念和方法（30分钟）<br>4.操作演示，指导学生操作（20分钟）<br>5.学生提问和交流（10分钟） | 2 | 30 | 高中生 | 具备上网条件的多媒体教室 |
| 5 | 商贸旅游学院 | 网购小能手 | 观摩体验类 | 指导小朋友了解网购的流程、技巧，并通过网购给最喜欢的长辈送一份最需要的礼物 | 1.导入课程，引发兴趣：教师展示网购的过程，引导孩子选出最喜爱的长辈（5分钟）<br>2.示范、教授：教师传授网购的基本流程和要领，小朋友同步学习（20分钟）<br>（1）登录账号<br>（2）确定长辈的需求<br>（3）筛选产品<br>（4）旺旺交流<br>（5）下单支付<br>（6）撰写赠言<br>3.示范、教授、指导、检查：指导小朋友完成全过程。教师跟进指导，检查成果（50分钟） | 2 | 30 | 小学3~6年级 | 计算机、投影仪、网购流程说明书 |

续表

| 序号 | 分院 | 课程名称 | 类别 | 课程说明 | 课程设计 | 课时 | 人数 | 课程对象 | 设施设备及预算 |
|---|---|---|---|---|---|---|---|---|---|
| 5 | 商贸旅游学院 | 网购小能手 | 观摩体验类 | 指导小朋友了解网购的流程、技巧，并通过网购给最喜欢的长辈送一份最需要的礼物 | 4.点评、观摩、交流：学生展示购买产品、说明选购理由与网购心得（15分钟）5.总结与颁奖：教师总结并给购表现出色（视采购谈判表现、选购礼物的合理性、店铺筛选的合理性给分）的三位小朋友发奖（10分钟） | 2 | 30 | 小学3~6年级 | 计算机、投影仪、网购流程说明书 |
| 6 | 达利女装学院 | 美丽小模特 | 运动类 | 让我们在青春的舞台上尽情地绽放自己 | 模特训练体验服装秀 | 2 | 30 | 小学生、初中生、高中生 | 服装学生自备 |
| 7 | 达利女装学院 | 巧手DIY玫瑰花制作 | 手工制作类 | 制作一朵玫瑰花，送给亲爱的爸爸和妈妈 | 教师示范学生制作 | 2 | 30 | 小学生、初中生 | 手工纸 |
| 8 | 达利女装学院 | T恤衫彩绘 | 手工制作类 | 把自己喜欢的卡通图案等，通过颜料绘制在T恤衫上，拥有一件独一无二的T恤衫 | 教师示范学生制作 | 2 | 30 | 小学生、初中生 | T恤衫、绘画材料 |

续表

| 序号 | 分院 | 课程名称 | 类别 | 课程说明 | 课程设计 | 课时 | 人数 | 课程对象 | 设施设备及预算 |
|---|---|---|---|---|---|---|---|---|---|
| 9 | 生态健康学院 | 多肉组合 | 种植类 | 在以图片形式展示多肉世界的多姿多彩的基础上，每人体验一组3~5个品种的多肉植物组合盆栽，同时用小瓢虫、小栅栏、彩石等材料加以装饰 低年级和高年级的植物、容器、配饰不同，高年级可以增加难度 | 1.家庭园艺师的职业介绍（10分钟） 2.家庭种养植物的认识（20分钟） 3.分发职业体验材料、并进行各材料的介绍（20分钟） 4.休息（10分钟） 5.植物种养体验（30分钟） 6.小配饰的使用（10分钟） 7.养护体验（5分钟） 8.总结、评价（10分钟） | 2 | 30 | 小学3~6年级、初高中生分两种层次 | 适合中小学生操作的工作台、设计打印资料 |
| 10 | 生态健康学院 | 插花小能手 | 种植类 | 插花艺术起源于人们对花卉和生活的热爱，同时插花是充满无限想象的艺术，同学们可以通过学习插花把自己心灵美好的思想都表达出来，通过插花小能手体验课程，大家能够有机会静静欣赏一朵小花的美。请让我们用赏花的心情看世界 | 1.从大自然中选择和采集适合插花的植物材料（体验"甄选"的职业体验，10分钟） 2.识别、整理、保鲜花材（体验"心细、认真的职业体验"，15分钟） 3.在教师"启发和引导"下，每个孩子都要完成一个既定的插花作品的任务（让学生体验"会动手和耐心"的职业体验，55分钟） 4.孩子相互间进行交流、讨论（体验"与同伴分享作品获得经验提升"的职业体验，15分钟） 5.整理场地（让学生体验"爱岗敬业，勤劳的职业体验"，5分钟） | 2 | 30 | 均可 | 剪刀、花材 |

| 序号 | 分院 | 课程名称 | 类别 | 课程说明 | 课程设计 | 课时 | 人数 | 课程对象 | 设施设备及预算 |
|---|---|---|---|---|---|---|---|---|---|
| 10 | 生态健康学院 | 插花小能手 | 种植类 | | 6.学生可以带走成果：自己制作的插花作品和拍摄的插花过程照片 | 2 | 30 | 均可 | 剪刀、花材 |
| 11 | 生态健康学院 | 植物小瓶景 | 种植类 | 利用生物技术将植物种植到生物试剂中，进行培养繁殖 | 1.参与者学习了解无菌车间以及无菌操作的具体要求<br>2.参与者准备接种用的工具、材料等<br>3.参与者进入无菌间更换实验服、鞋子并进行消毒<br>4.参与者观摩学习超净工作台的操作规范<br>5.参与者观摩学习无菌接种的具体操作要求<br>6.参与者进行体验式操作，每人可选择一瓶进行操作，完成后可让学生带走<br>7.完成后按无菌间的规范进行后续整理 | 4 | 30 | 高中生 | 组培瓶、镊子、手术刀 |
| 12 | 生态健康学院 | 小小造园家 | 手工制作类 | 感受劳作的快乐，体验造园的乐趣 | 1.先带领小朋友在园艺技术专业小游园进行观赏，看看一些园林小建筑、园林植物等，在去实训场的过程中给小朋友讲解中国传统园林文化（约20分钟）<br>2.在园林沙盘实训基地进行简单的造园实践（约90分钟），通过我们提供的园林或者设计图纸，就近取材，以及一些现有材料和成品的园林小模型等，让小朋友（两人一组）在沙盘上进行造园体验，并制作成影像或照片。在这个过程中既体验了劳作的辛苦，又感受到了造园的快乐 | 4（约2小时） | 30 | 小学6年级、初中生、高中生，均可 | 微型园林建筑及小品模型、微型植物模型、耗材等 |

续表

| 序号 | 分院 | 课程名称 | 类别 | 课程说明 | 课程设计 | 课时 | 人数 | 课程对象 | 设施设备及预算 |
|---|---|---|---|---|---|---|---|---|---|
| 13 | 生态健康学院 | 室内污染知多少 | 观摩体验类 | 室内空气污染比室外高5~10倍，室内空气污染物多达500多种。甲醛已成为室内环境污染的头号大敌，会引发多种疾病。我们经常活动的场所中甲醛会超标吗？新装修家庭中甲醛含量一般为多少含量？ | 本活动带领青少年学生检测并评价室内环境中的甲醛含量，旨在调动学员的自主参与意识，一方面增强青少年的职业体验和职业兴趣，另一方面了解室内环境中甲醛的主要污染源及危害，树立环保意识。整个活动主要分三步：1.给学生简单介绍甲醛的性质、来源、特征、危害、控制及监测方法、评价等知识 2.介绍国标检测甲醛的工作原理及使用方法 3.动手检测室内环境中甲醛的含量 | 2 | 30 | 高中生 | 甲醛测量仪 |
| 14 | 生态健康学院 | 西点师职业体验 | 家政类 | 体验者亲自动手制作蛋糕，包括称量、打粉、装盘和焙烤 | 1.给学生介绍西点师职业和操作注意事项（10分钟）2.分发职业体验材料，并进行各材料介绍，按蛋糕的配方称量、打料及烘烤（80分钟）3.总结点评（10分钟） | 2 | 30 | 均可 | 围裙、工作帽、打蛋器、小不锈钢盆、砧板 |
| 15 | 信息工程学院 | 小小网页设计师 | 观摩体验类 | 通过制作送给长辈的电子贺卡，体验网页设计的乐趣，增加审美情趣，了解网页制作流程和互联网 | 1.前期准备：按送给爷爷奶奶、父母、教师、朋友等的祝福或感谢为主题，准备30套适合儿童的网页模板；准备用于发布小朋友制作的网页的服务器（外网能访问）；请小朋友选择要送祝福的对象及其邮箱地址（有就提供）；介绍网页制作工具和访问网页的方法 | 2 | 30 | 小学3~6年级 | 计算机、投影仪、彩色打印机、服务器 |

续表

| 序号 | 分院 | 课程名称 | 类别 | 课程说明 | 课程设计 | 课时 | 人数 | 课程对象 | 设施设备及预算 |
|---|---|---|---|---|---|---|---|---|---|
| 15 | 信息工程学院 | 小小网页设计师 | 观摩体验类 | 通过制作送给长辈的电子贺卡，体验网页设计的乐趣，增加审美情趣，了解网页制作流程和互联网 | 2.过程：每人一台计算机，请小朋友选择模板，写上祝福语；在教师指导下，对网页进行一定的个性化设计；发布到服务器，访问自己设计的网页；若有长辈的邮件，将网络卡片以邮件形式发送；连接打印机，对网页进行彩打（附网页访问地址）<br>3.结束：小朋友把打印的网页带回家，请长辈收邮件或者按地址上网欣赏小朋友设计的网页 | 2 | 30 | 小学3~6年级 | 计算机、投影仪、彩色打印机、服务器 |
| 16 | 信息工程学院 | 家庭网络搭建 | 观摩体验类 | 构建家庭网络，创建便捷生活 | 1.带领学生参观综合布线实训室，了解家庭网络的基本构成<br>2.讲解网络跳线的制作过程，分发相应的线缆和水晶头，在教师的指导下，完成网络跳线的制作过程，并测试其连通性<br>3.在模拟家庭网络的环境中，演示信息模块的制作过程，并在教师的指导下，完成信息模块的打线工作<br>活动结束后，学生对家庭网络有了更加直观的了解，同时将其制作的跳线作为成果带回使用。 | 2 | 30 | 小学3~6年级、初中生、高中生 | 家庭宽带路由器、测线器、夹线钳 |
| 17 | 吉利汽车学院 | 认识汽车 | 观摩体验类 | 全面直观地认识汽车的构造 | 1.简单介绍汽车发展历史<br>2.介绍目前主要汽车品牌及认识汽车车标<br>3.汽车构造的介绍讲解，了解汽车的性能和结构 | 2 | 30 | 小学生3~6年级 | 参观电器实训室、发动机实训室、变速器实训室 |

| 序号 | 分院 | 课程名称 | 类别 | 课程说明 | 课程设计 | 课时 | 人数 | 课程对象 | 设施设备及预算 |
|---|---|---|---|---|---|---|---|---|---|
| 17 | 吉利汽车学院 | 认识汽车 | 观摩体验类 | 全面直观地认识汽车的构造 | 4.学会识别汽车发动机的排量，了解不同排量的发动机所对应的动力性能<br>5.学会识别汽车变速器的类型，掌握不同变速器的动力传递方式和其自身的优缺点<br>6.参观解剖车及汽车各零部件，直观认识汽车 | 2 | 30 | 小学3~6年级 | 参观电器实训室、发动机实训室、变速器实训室 |
| 18 | 吉利汽车学院 | 小小汽车装配工 | 手工制作类 | 用我们的双手组装我们自己的轿车 | 1.简单介绍汽车整体构造<br>2.分组布置车模组装任务<br>3.按照小组需求领取车模<br>4.分组完成车模的组装过程<br>5.总结活动内容，拍照留念，带走自己组装的车模 | 2 | 30 | 小学3~6年级 | 多媒体教室、木质立体拼图套装 |
| 19 | 动漫游戏学院 | 创意小制作 | 手工制作类 | 黏土、废旧用品制作 | 1.制作创意手工（30~60分钟）<br>（1）创意折纸/黏土：根据孩子的年龄层次，在教师的带领下完成适合难度的动漫折纸/黏土制作，项目结束后成品可带走<br>（2）变废为宝：孩子在教师的带领下，将日常生活中常见如瓶子、易拉罐、纸板箱等物品通过再次创意加工变成艺术品或生活用品，同时向孩子们进行环保宣传，项目结束后成品可带走<br>2.创意小集市（10~40分钟）<br>在学院一楼大厅组建创意小集市，让孩子们自己售卖或交换所制作的创意手工作品，起到交流、分享的作用，进行作品的营销体验 | 2 | 30 | 均可 | 折纸、黏土、废旧用品 |

续表

| 序号 | 分院 | 课程名称 | 类别 | 课程说明 | 课程设计 | 课时 | 人数 | 课程对象 | 设施设备及预算 |
|---|---|---|---|---|---|---|---|---|---|
| 20 | 动漫游戏学院 | 微电影初体验 | 观摩体验类 | 体验微电影的录制过程 | 1.体验摄像和后期剪辑（30~60分钟）<br>摄像初体验，在专业教师的带领下让孩子学习DV的基本使用，如何拍摄并把素材导入计算机，进行简单剪辑等相关知识和操作，在学习过程中由教师手把手授课，保证学生的学习效果，另有专业摄影棚、动漫玩偶道具及服装供学生使用<br>2.制作作品光盘（10~30分钟）<br>孩子们可以选择将自己初次摄像作品刻成光盘留作纪念 | 2 | 50 | 均可 | DV机、动漫玩偶道具等 |

## 四、杭职院青少年职业体验课程方案实例

### （一）时尚服饰类——《芭比娃娃服饰制作》课程方案

**1.课程名称**

芭比娃娃服饰制作（可根据小学生和中学生不同的生源，设置不同难易程度的学习内容）。

**2.教学目的**

芭比娃娃服饰制作是一门以服装美学为理论基础，装饰设计为手段的职业能力体验课程。通过本次职业体验学习，使学生萌发对服装的兴趣，通过为芭比娃娃制作服饰，了解芭比娃娃的身体结构特征，掌握服装结构与人体的关系，并且能运用现有材料包裹住芭比娃娃的身体，给娃娃穿上"衣服"。

**3.教学方法**

（1）教学手段上，教师可充分利用现代多媒体技术，配合课件进行授课。

（2）教学方式上，教师应较多地示范如何才能包裹住娃娃的身体，并启发孩子想出其他包裹及穿着的方法。

（3）教师现场演示及辅导。

（4）配两名学生助教协助辅导。

4.教学材料

材料清单：芭比娃娃人偶模型1个、皱纹纸若干张、剪刀1把、双面胶1卷、透明胶带1卷、网纱50厘米、丝带若干。

5.教学地点

配备投影仪的教室。

6.教学程序

芭比娃娃服饰品制作PPT展示（10分钟），教师示范特定款式的服饰制作（20分钟），学生设计芭比娃娃服饰（30分钟），学生根据设计制作芭比娃娃服饰（100分钟），成果展示、总结（20分钟）。

7.关键技能

（1）能根据现有材料选取合适的材料制作芭比娃娃的服饰。

（2）能根据芭比娃娃的身体特征进行服饰的分区制作。

（3）能根据自身想象和图片利用材料制作芭比娃娃的服饰品。

（4）能根据服装款式搭配相应风格的配饰。

8.成果展现（图4-1、图4-2）

图4-1 小学组制作的芭比娃娃服装款式

图4-2 初高中组制作的芭比娃娃服装款式

（二）时尚服饰类——《中国结手环制作》课程方案

1.课程名称

中国结手环制作。

2.教学目的

（1）了解传统的中国结知识。

（2）学习基础的中国结技法。

（3）根据教师提供的材料自己设计并编制一款手环。

（4）锻炼学生的动手实践能力，陶冶生活情操，培养热爱生活的情趣。

（5）培养学生的创新思维、发散思维能力。

3.教学方法

（1）多媒体展示、讲解。

（2）基础结艺视频循环播放。

（3）教师现场演示及辅导。

（4）配两名学生助教协助辅导。

4.教学材料

编结线、固定台、剪刀、打火机、装饰珠等。

5.教学地点

多媒体普通教室。

6.教学程序

（1）学习中国结的历史（10分钟）。

（2）学习基础的中国结技法（云雀结、双结、平结等，15分钟）。

（3）学习制作中国结手环（135分钟）。

制作规定款中国结手环一条；对学有余力的同学可以做其他特色结艺的学习（凤尾结、蛇结、金刚结等）；根据所学结艺和教师提供的材料自由设计制作第二条手环，也可以带回家制作。

（4）成果展示、总结（20分钟）。

7.关键技能

双结、平结的技法掌握。

8.成果展现（图4-3、图4-4）

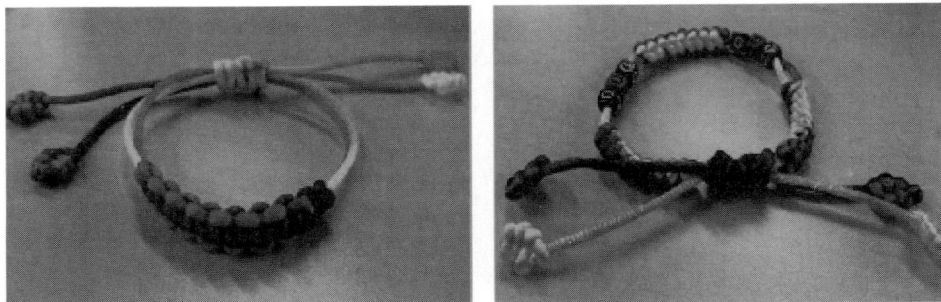

图4-3 小学组制作款式用较粗的5号绳编制

图4-4 初高中组制作款式用较细的1mm玉线编制

（三）智能制造类——《3D设计+3D打印》课程方案

1.课程名称

3D设计+3D打印。

2.教学目的

（1）了解3D打印的科学。

（2）操作3D打印机。

（3）开拓学生创新思维，设计并完成3D打印作品。

3.教学方法

（1）多媒体展示、讲解。

（2）基础技能视频演示。

（3）教师现场演示及辅导。

（4）配两名学生助教协助辅导。

4.教学材料

（1）仪器设备清单：计算机（安装3D-ONE软件）、打印机（创想T-300）。

（2）耗材清单：打印耗材（FDM9）、铲子、镊子、U盘。

5.教学地点

3D打印实训室。

6.教学程序

（1）3D设计+3D打印职业体验准备和要求（10min），见表4-2。

表4-2　3D设计+3D打印职业体验准备和要求

| 体验流程 | 操作步骤 | 要求 |
|---|---|---|
| 创意设计 | 安装3D-ONE软件 | 正确安装 |
| 模型打印 | 安装切片软件 | 格式要求GCODE |
| 打印后处理 | 安全取出模型，并进行模型表面处理 | — |

（2）3D设计+3D打印职业体验主要过程和步骤（120min），见表4-3。

表4-3　3D设计+3D打印职业体验主要过程和步骤

| 体验流程 | 操作步骤 | 要求 |
|---|---|---|
| 案例赏析 | 赏析3D打印实物与作品 | — |
| 创意设计 | 运用3D-ONE软件设计一个小物品 | 体积不超过10cm×10cm |
| 模型打印 | 将设计数据转化为GCODE格式 | 格式要正确 |
| 打印后处理 | 将打印作品正确地取出，并拆除支撑 | 不触碰打印喷头，用工具取出打印作品 |
| 作品拍照 | 从不同角度拍摄作品图片 | 拍摄清晰 |

（3）3D设计+3D打印职业体验整理和点评：

整理打印耗材与机器关机；作品展示与分享；作品点评。

7.关键技能

模型打印、3D-ONE软件运用。

8.成果展示（图4-5）

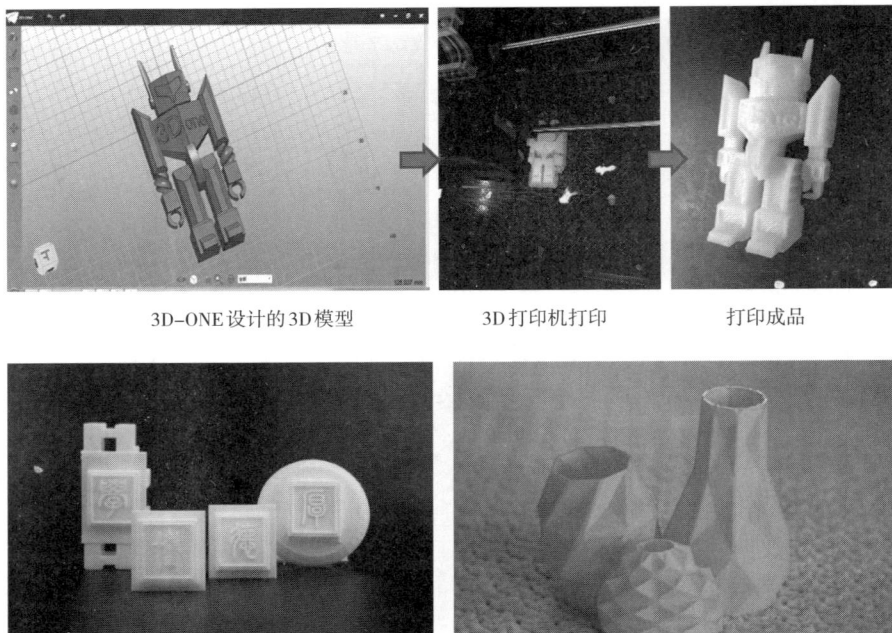

3D-ONE 设计的3D模型　　　　3D打印机打印　　　　打印成品

图4-5　从三维设计到3D打印的流程

## （四）康复护理类——《心肺复苏》课程方案

1.课程名称

急救在身边——心肺复苏。

2.教学目的

通过培训，使学员能正确说出心肺复苏的操作流程，能正确说出心肺复苏按压比、按压深度、效果评价等，从而普及这一急救技术。

3.教学方法

教师示教，结合多媒体视频教学及图片，通过教师的教学艺术性及其感染力提高学生学习的兴趣及求知欲。

4.教学材料

心肺复苏模拟人、无菌纱布。

5.教学地点

3号楼2楼阶梯教室。

6.教学程序

实事/案例引入，告知本次课学习内容和要求，观看视频，教师分步骤演示，学员练习，教师整体演示，学员整体练习、情境扮演，教师巡视纠正错、总结归纳。

7.关键技能

全面评估按压的深度、按压的频次、吹气的有效性、按压和吹气的比例等。

8.成果展现

能够根据提供的情境，正确运用心肺复苏急救法。

（五）学农园艺类——《苗床翻耕》课程方案

1.课程名称

苗床翻耕。

2.教学目的

（1）学习整地技术。

（2）学习土壤消毒。

（3）学习苗床施肥。

（4）学习平畦制作技术。

3.教学方法

（1）多媒体展示、讲解。

（2）苗床制作视频循环播放。

（3）教师现场演示及辅导。

（4）配两名学生助教协助辅导。

4.教学材料

土壤、锄头、铁锹、钉耙、消毒剂、杀虫剂、饼肥等。

5.教学地点

园艺技术实训基地。

6.教学程序

（1）学习整地的基础知识（15分钟）。

（2）学习土壤消毒基础知识（15分钟）。

（3）学习苗床施肥基础知识（10分钟）。

（4）平畦制作操作实践（60分钟）。

根据整地的技术要求，培养不怕脏、不怕累的职业素养；根据土壤的需施要求，选择合适的肥料及施用方法，培养孩子观察细致、严谨的职业素养；操作完成后进行场地整理，做到工完场清、精益求精，培养学生做事有始有终的职业素养。

（5）成果展示和总结（20分钟）。

7.关键技能

整地步骤和施肥方法。

8.成果展现（图4-6~图4-8）

图4-6 平畦整地作品

图4-7 小学生平畦叶菜作品

图4-8 初高中花卉种植作品

（六）学农园艺类——《植物扦插技术》课程方案

1.课程名称

植物扦插繁殖。

2.教学目标

（1）学习哪些植物可以进行扦插繁殖。

（2）学习多肉植物的叶片扦插技术。

（3）学习空心菜的扦插技术。

（4）学习番薯的块根繁殖技术。

（5）学习扦插时的基质配比和容器的选择。

3.教学方法

（1）多媒体展示、讲解。

（2）扦插视频循环播放。

（3）教师现场演示及辅导。

（4）配两名学生助教协助辅导。

4.教学材料

进口泥炭、珍珠岩、花盆、陶瓷剪刀、空心菜、多肉植物、番薯等。

5.教学地点

园艺技术实训基地。

6.教学程序

（1）学习扦插的基础知识（20分钟）。

（2）学习基质的基础配比（20分钟）。

（3）认识要使用的各类植物的生长习性（10分钟）。

（4）扦插操作实践（60分钟）。

根据要求配比所需要的基质，培养不怕脏的职业素养；根据配比的基质，选择合适的植物进行操作训练，培养孩子观察细致、不怕苦的职业素养；操作完成后进行浇水养护，做到工完场清、精益求精，培养学生做事有始有终的职业素养。

（5）成果展示，总结（20分钟）。

7.关键技能

扦插时的枝条选择与剪取。

8.成果展现（图4-9）

图4-9　植物扦插作品

## （七）文化创意类——《小饰品图案绘制》课程方案

1.课程名称

小饰品图案绘制。

2.教学目的

（1）了解图案设计的基础知识。

（2）学习基础的色彩搭配原理。

（3）根据教师提供的物件白胚自己设计并绘制色彩图案。

（4）锻炼学生的动手实践能力，陶冶生活情操，培养热爱生活的情趣。

（5）引导学生的时尚感，培养创新思维、发散性思维能力。

3.教学方法

（1）多媒体展示、讲解。

（2）基础结艺视频循环播放。

（3）教师现场演示及辅导。

（4）配两名学生助教协助辅导。

4.教学材料

物件白胚、水粉画工具、普通纸张等。

5.教学地点

多媒体普通教室。

6.教学程序

（1）学习图案设计的基础知识（10分钟）。

（2）学习基础的色彩搭配原理（10分钟）。

（3）学习用水粉颜料绘制彩色图案（50分钟）。

绘制面具色彩图案；对学有余力的同学可以做其他的色彩图案绘制（水杯、手机壳、盘子等）；根据所学技艺和教师提供的材料自由设计制作，也可以带回家制作，有条件者可以打印成品。

（4）成果展示和总结（20分钟）。

7.关键技能

适合纹样与色彩搭配技法掌握。

8.成果展现（图4–10、图4–11）

图4–10　小学组图案绘制作品

图4–11　初高中组盘子图案绘制作品

# 第 五 章

# 杭职院青少年职业体验项目的教学实施

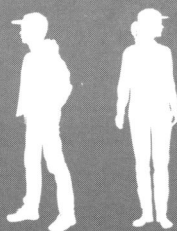

早在20世纪20年代，以黄炎培为代表的我国学者就积极借鉴西方职业启蒙教育经验，探索我国职业启蒙教育融入普通中小学教育的可能性。[1]随着国家经济建设稳步向前，科学技术不断发展，社会对技能型人才需求日益迫切，为了适应社会飞速变化，满足国家建设的人才需求，近百年来，国家不断探索职业教育改革，职业教育的概念范围已不局限于以中等职业教育和高等职业教育为代表的以获得学历为典型特征的传统意义，现代职业教育应是涵盖职业启蒙、岗前培养、在岗培训以及面向老龄社会的全生命周期的终身职业教育体系。

职业体验教育的实施初期，国家出台的关于职业院校反哺中小学教育的政策过于笼统，对开设青少年职业体验课程的模糊性表述较多，例如，"适时引入职业发展辅导""培养学生职业兴趣和职业意识""开展职业教育和职业预备教育"等，具体做法和路径表述泛泛，对青少年职业技能体验课程开展路径、培养内容、培养目标、培养规格、评价标准等缺乏具体标准阐述，政策发挥空间很大。[2]

从2017年开始，国家逐步加大了对职业体验教育的政策指导力度。例如，《中小学综合实践活动课程指导纲要》增加职业体验内容，并明确了具体的年龄学段建设目标。鼓励开展中小学生在实际工作岗位上或模拟情景中进行职业体验，在职业体验过程中获得对职业岗位的真切理解，形成正确的职业观和人生志向。2019年《国务院办公厅关于新时代推进普通高中育人方式改革的指导意见》明确了"开展职业体验等对学生进行指导"。从2019年开始，省、市、区开始加大职业体验资源的挖掘整合力度，全面开展青少年职业体验基地建设。

2021年6月，新公布的《中华人民共和国职业教育法（修订草案）》中进一步明确鼓励和支持中小学根据实际需要增加职业教育教学内容，开展职业认知及职业体验课程，并组织、引导职业院校、培训机构、企业和行业组织为其提供条件和支持。

职业启蒙教育理念的兴起、青少年职业体验基地的建设、商业化研学旅学的开展、各类专业职业体验场馆的出现，正式标志着青少年职业启蒙及职业体验建设进入快速发展期。

在当前大职教背景下，加强青少年对职业的理解，要结合职业理想、职业能力、职业情感、职业体验帮助学生形成职业意识和职业规划能力。[3]让学生对"社

---

[1] 张兴龙，倪敏.我国职业启蒙教育的实施现状研究［J］.江苏教育，2019（20）：29–33.
[2] 杨师缘.中美职业启蒙教育比较——基于政策内容分析的视角［J］.现代职业教育，2015（25）：66–67.
[3] 汪贤泽.职业启蒙劳动教育课程开发的实践路径探索［J］.宁波职业技术学院学报，2021（3）：40–43.

会"有一个基本的了解，从而促使他们从自己的专业意识及个人爱好等方面去考虑自己的职业发展。❶从教学实施上来看，社会组织、商业机构、学校、家长等社会相关方应共同作用、共同影响、共同实施，以提升课程质量为抓手，以提升教师教学水平为前提，以丰富教学评价维度为基点，合作开展青少年职业启蒙及职业体验活动，帮助青少年了解自己、认识职业、培养职业能力，为国家培养优秀的建设者和接班人。

## 第一节 高职院校青少年职业体验的教学实施现状

### 一、我国青少年职业体验教学实施情况概览

（一）在实施主体方面

关于当前青少年职业能力体验的实施主体有以下三种：社会组织、商业机构及中小学校。

1.社会组织

社会组织有的是由政府主办的，有的是政府部门倡导成立并监管的，主要通过开展公益性的活动，进行青少年职业启蒙教育及职业体验活动。例如，主题博物馆、特色体验馆、科技体验馆、职业科普馆、公共职业体验中心等，具有齐全的行业资质和丰富的体验项目等优势，面向青少年群体，通过交互式学习，进行科普式的大众化职业体验。

2.商业机构

商业机构主要是指以盈利为目的开展职业体验活动及研学旅学的实体机构。实行市场化运作，在项目设计、方案策划、路线研发上与国家政策贴合更为紧

---

❶ 刘涛，陈鹏.中外职业启蒙教育的理论与实践述评［J］.职教论坛，2015（12）：39–42.

密，拥有完善的项目管理团队及市场营销团队，多开展较为高端的研学旅学、夏冬令营等中长期项目。部分已形成规模、行业特色明显的企业内部建有职业体验中心，校企联合开展青少年职业体验活动，丰富青少年职业体验的资源。企业可与学校共享包括设备场所、文化资源、技术能手、大师工匠等资源，使青少年职业体验教学实施形式多样化，提升青少年职业体验活动品质。

3.中小学校

中小学校主要以学科课程为载体，通过日常教学及劳动教育，将职业启蒙及职业体验嵌入学生德育智育教学全过程，一般不单独开展某项职业体验，学校一般也不具备进行职业体验的场所设施条件。学校结合全日制学生教育教学任务，以实践教学及劳动教育为切入点，通过开设职业体验课程，自主开展青少年职业能力体验教学。结合社团建设、第二课堂培育、职业素养课程等，建设校内职业实训场所，提供职业体验虚拟环境及职业流程实景，提取职业岗位关键要素，创设职业感受。职业院校尤其是高职院校依托学校强大的专业、师资及场地设备等优势，以"产、学、研"同步发展为特色，通过知识性、技能性、趣味性相结合的参观体验及实践操作等形式，开展多项职业特色鲜明的职业体验活动。与前两种实施主体相比较，高职院校坚持公益性原则，体现社会责任，青少年及家长的接受度也更高。而且高职院校开展青少年职业体验时教学更为灵活，既可以开展普适性的职业体验项目，也可以根据需求定制职业体验活动，选择性更多，课程内容层级更为灵活，可单独开展，也可组合开展，课程集群效应明显，更易激发青少年对职业探索的兴趣，提高青少年的职业素养。

除了以上三种主体的模式，还有多方联合共同开展的形式，即通过社会组织、行业企业、各类院校、商业机构、民间团体等各类资源共同打造、共同建设青少年职业体验立体平台体系，打造更全面的支持体系，共同发力，破解大众对职业教育是为了升学与就业这一浅显层面的认识与理解，扩大青少年职业体验的内涵与外延，更好地帮助青少年探索新的职业生涯方向及生活方式，促进人才培养多样化，推进青少年职业体验项目建设水平向更高层次迈进。

（二）在实施的重点环节方面

提高青少年职业体验教学实施质量，必须把握住重点环节，要强化课程体系及师资队伍建设，加强统筹设计，并落实到实践中。

1.课程建设

职业体验课程旨在帮助青少年通过感知、体验和参与不同职业角色的职业活动，让学生培养适应社会和规划未来生活与职业的能力，从而促进青少年全面和可持续发展。❶各方要在"校企共同体"体制机制及"校企合作、工学结合"教育教学理念引导下，充分利用专业校企联动平台，面向社会全面开放专业优质教学实训资源，不断深化课程内涵建设，创新并提升职业教育反哺基础教育能力，建设集职业辅导、实践体验、能力训练三位一体的青少年职业体验系列课程，逐步建立职业体验类、科学探索类、文化艺术类、生活技能类等一系列课程体系，提供了融专业性、科学性、多样性于一体的职业体验活动，形成能力递进、螺旋上升的职业能力渐进培养的新模式。

2.师资培养

教师是教学实施质量的关键。要大力鼓励广大有意愿、有能力的一线教师、行业专家、大师工匠等积极参与到青少年职业体验项目建设中来。以服务青少年职业发展为宗旨，聘请职业生涯规划、职业心理研究、职业教育研究等领域的专家举办青少年职业体验专题师资培训，不断提升项目教师的教学水平和教育能力。在项目实施过程中，组织教师观摩授课，定期举办专题教学研讨会，商讨教学标准，交流教学经验，取长补短，共同进步。

同时，充分发挥专业课教师、实习实训指导教师、企业专业技术人员、技能能手等人的专业及技能优势，大力推进职业生涯规划咨询与指导，开展从职业启蒙、职业体验、职业规划、职业劳动、职业技能培训、职业指导等全链条、全方位、多元化的职业生涯规划与指导服务（图5-1）。

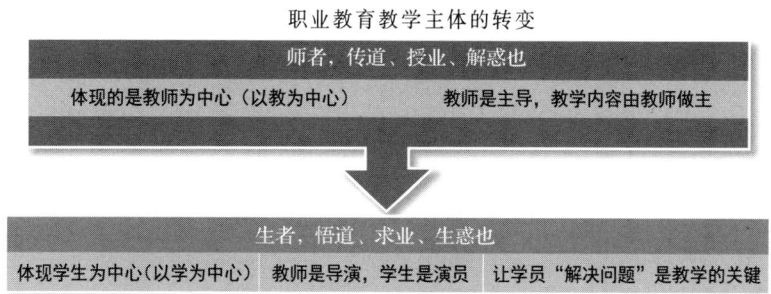

职业教育教学主体的转变

师者，传道、授业、解惑也

体现的是教师为中心（以教为中心）　　教师是主导，教学内容由教师做主

生者，悟道、求业、生惑也

体现学生为中心（以学为中心）　教师是导演，学生是演员　让学员"解决问题"是教学的关键

图5-1　职业教育教学主体转变示意图

❶ 范晓莹，罗元浩.基于职业体验的项目式教学策略研究［J］.北京宣武红旗业余大学学报，2021（3）：34-39.

## 二、高职院校青少年职业体验教学实施现状

### (一)实施模式

21世纪以来,国家大力发展职业教育。职业教育体系也由中等职业技术学校、技工学校、技师学院等为主培养技能人才的层次上升到中等职业教育与高等职业教育衔接互通发展的层次,随着国家的大力扶持,职业技术学院和职业技术大学建设蓬勃发展,经过二十几年的建设,办学成效显著,技能人才培养优势逐步显现。

随着办学实力的日益成熟,高职院校除了完成全日制职业教育,也在逐步探索并开拓青少年职业教育领域,职业教育反哺基础教育,通过开展职业启蒙、职业体验、职业教育等系列实践,打通技能人才培养的堵点,改变相互之间的割裂状态,将技能人才培养深入基础教育阶段,补全职业教育短板。

当前高职院校青少年职业体验项目教学实施主要由学校自主开展,体验对象主要面向中小学生,提供的职业体验课程主要包含参观启蒙类、实操体验类、咨询辅导类、测试规划类等主要类别。坚持公益性原则,免费开放与低成本开展为主。重点培养青少年职业思维能力,通过理解职业特征,明晰职业类型,完成职业认知,找到自身能力优势,结合个人兴趣,习得职业技能,养成职业规范,对个人的职业生涯进行系统规划,最终实现人生职业理想。

### (二)主要做法

1.用足政策,广泛联合

高职院校青少年职业体验项目在政府政策指导下,严格依照国家、省、市、地方职业教育发展政策开展,牢牢把握省、市相关主管部门以青少年职业体验中心、中小学学生研学旅行基地、劳动实践基地的遴选和认定的先机,广泛联合社会各界资源,加快自主建设,广纳资源,用足政策,协调推进,集群发展,紧扣当地人文、社会、历史、自然、科技特色,全面开展青少年职业能力体验项目建设。

2.强化管理,质量优先

高职院校通过抓好青少年职业体验教学实施的关键环节,如组建专家团队,

开发特色课程；聘请专业师资，强化师资培训；建设实践课程管理体系及专业管理团队，强化管理，提高效能，做好服务与保障，多维评价，齐抓共管，形成合力，形成常态化管理的有效模式，深入挖掘高职教育与青少年职业教育有效结合路径，高标准、严要求，确保项目建设质量。

3.分类开展，灵活多样

结合青少年不同年龄阶段的身心发展特点，按不同的年龄阶段开展符合年龄特点、认知水平的职业体验活动。对幼儿园、小学阶段的学生重点开展职业认知类课程；初中阶段重点开展职业倾向测试及职业体验类课程；高中阶段开展职业指导及职业实践类课程。通过全阶段的活动，促进青少年不断认识自己、发掘自己、规划自己，养成良好的职业意识及职业品质。

同时，在教学实施上采用常态化项目与定制类项目相结合的方式，有分有合、有参观有体验、有理论有实践，既考虑到整体意愿，又照顾到个体需求，品类齐全，灵活多样。

4.积极培育，打造品牌

以职业体验项目为主线，探索并构建多元化的青少年职业体验课程体系；形成一批特色化职业体验实践课程；构建"模块设计、多元组合、能力递进"的职业体验课程体系。❶加强师资队伍建设，提升职业素养及教学能力。遴选优势项目，突破课程内容碎片化状态，通过启蒙教育、实践活动、生涯规划、导师引领等实践载体，打通体验前咨询、体验中指导、体验后服务各环节，打造特色活动，形成样板，建立具有本校特色的青少年职业体验中心品牌。

（三）高职院校开展青少年职业体验存在的问题

高职院校开展青少年职业体验活动过程中，主要存在以下四大问题。

1.部分项目与体验内容吸引力不足

高职院校青少年职业体验项目开展主要依托校内专业建设成果开设，有的项目专业性较强，需要体验人员具有一定的专业基础知识，而青少年阶段普遍不具备所必需的专业基础。有的高职院校开设的适用大多数青少年的职业体验项目，其课程内容比较浅显，同质化现象较为严重，缺少变化。有的高职院校职业体验

---

❶ 左耘.中职职业体验教育路径探索［J］.中国职业技术教育，2020（28）：93-96.

项目主要以参观实训基地及实训场所为主，动手实操环节安排较少，参与感不强，体验感缺失，吸引力不足。

2.社会资源利用度不高

高职院校在开展青少年职业体验项目时，以自主开发设计并开展的项目及活动居多，主要场所安排在校内，行业、企业、相关职业体验资源使用程度不高。很多开展青少年职业体验项目的高职院校虽已整合相当一部分的社会资源，但是往往还停留在建立一种合作关系的层面，多为零散合作，实质性深度联合开展的活动较少，缺乏整体规划，内部资源流通活力较弱。在高职院校常态化教学实施中，大部分是高职院校自身的单一资源，校外场所及资源使用处于较低水平，整体的多方资源利用度不够。

3.内部管理绩效建设成效不明显

高职院校由于校内管理体系不同，青少年职业体验项目管理层级搭建及管理模式也不尽相同。高职院校的青少年职业体验项目普遍是由某一个部门独立负责或者二级分院独立开展，校内没有形成项目建设合力，缺乏统一的管理体系，各自为主，资源分散，无法更好地集中力量攻克难点，突破瓶颈。学校层面缺乏开展职业启蒙教育的内驱力，重视程度不高❶，项目发展缺乏强有力的推动力，绩效建设成效不够突出，无法有效形成可辐射区域、示范全国的品牌优势。

4.缺乏系统的理论及实践指导

高职院校开展青少年职业体验项目时间不长，实践经验不够丰富；受限于地域发展特色不同，有些成功的经验和案例无法参考复制，且高职院青少年职业体验教学实施开展相关的理论研究处于初级阶段，理论研究成果不够充分；各项政策制度由于实施时间较短，成效还不够明显。以上这些因素都导致了现阶段高职院校青少年职业体验教学实施缺少系统的理论指导及体系构建指引，高职院校在项目建设过程中缺乏系统的、权威的理论及实践指导，一般都处在独立摸索、自我发展的阶段，这也影响了整体建设进度及成果。

---

❶ 胡海燕.基于职业院校视角的职业启蒙教育实践探索［J］.中国职业技术教育，2021（2）：63–66.

# 第二节　杭职院青少年职业体验教学实施基础与做法

杭州职业技术学院主动依托校企共同体办学体制优势和学校资源，积极落实国家《中共中央　国务院关于全面加强新时代大中小学劳动教育的意见》和《大中小学劳动教育指导纲要（试行）》等通知精神，整合学校各类场地和专业资源，服务区域各项青少年职业启蒙和职业体验活动开展，先后获得全国急救教育试点学校、浙江省学农基地、浙江省劳动实践基地、杭州市中小学研学旅行基地、区青少年学生第二课堂活动基地等资质。

双高校建设期间，学校已整合技师学院、职业高中、行业协会、大型上市集团、创意公司等资源共建青少年职业启蒙"杭州联盟"，成员数量达63家；共建共享职业启蒙基地38家；累计完成52687人次的校内外青少年职业体验、职业咨询、指导、创业就业指导等活动；成立职业规划与指导中心；建成包含职业规划师、职业生涯教练、心理咨询师、专业指导教师等在内的校内外结合、专业与个性发展指导融合的教师指导团队，累计完成14284人次的各类咨询测验与指导；建设数字化平台，及时公布各类体验信息，并实现机床博物馆、720°全景校园、职业素养展示中心等线上参观；服务多元体验需求，依托学校和联盟特色，开发职业启蒙课程312门，其中精品课程71门；不断加强理论研究，已立项4本专著开展职业体验与职业体验实践研究，不断总结实践经验。

通过开展职业认知、职业体验、岗位实践等各项活动，强化职业观念，弘扬劳动精神，手脑并用，注重实践，激发青少年创新创造意识，形成正确的职业观。

# 一、实施基础

## （一）启动"杭州联盟"建设，联盟资源整合效果初显

青少年职业启蒙"杭州联盟"坚持公益性原则，由杭州职业技术学院牵头，整合政府部门、在杭学校、行业、企业，共建青少年职业启蒙"杭州联盟"。制定了《杭州联盟章程》《联盟合作战略协议》等，保障联盟有序高效运转。

青少年职业启蒙"杭州联盟"充分发挥组织协同作用，由杭州职业技术学院牵头成立杭州联盟理事会，学校为理事长单位，学校继续教育学院为常设秘书处，浙江特种设备研究院、浙江省模具协会、百合花集团等为副理事长和理事单位。秘书处负责联盟日常事务与联盟成员联系对接，协调安排各类活动，为区域青少年提供优质职业教育服务。

## （二）共建共享一批职业启蒙基地，集群效应初步显现

学校不断完善"开放共享"的职业体验基地运行机制，制定《青少年职业体验教育基地运行管理实施办法》，起草《共建共享职业启蒙基地协议》，打造共建共享、开放融合的青少年职业体验和劳动教育基地。

联合基地成员单位，共建职业体验课程资源库平台，发布职业体验信息，为中小学教师、青少年和家长提供系统规范的体验课程、项目介绍、职业生涯规划、就业指导和研学计划等综合信息服务。

## （三）成立生涯规划与指导中心，完成中心架构顶层设计及初期高水平专家队伍建设

根据青少年职业发展规律，学校成立生涯规划与发展指导中心，高起点搭建职业规划与发展中心运行架构，打造高水平专家队伍，聘请专业职业生涯规划指导教师为专家组成员，邀请浙江省劳模、杭州市劳模来校为师生开展各类指导交流，积极引导高职院校教师树立敢于服务、勇于服务、善于服务的理念，强化社会服务意识，积极主动参加社会服务实践，共同提供职业规划、职业生涯指导、心理咨询、职业测评、创业指导、创业服务等多方位服务，使中心成为青少年职业启蒙和助力青少年职业发展的主阵地。

（四）创新性开发职业体验课程，建立全流程课程体系

依托"杭州联盟"和职业体验基地，开展青少年职业体验需求调研，制定《职业体验课程开发流程及标准》和《职业体验课程开发模板》，确定青少年职业体验课程开发标准化流程，组建课程开发团队，不断开发涵盖文化创意、金融服务、健康、时尚等杭州重点打造的产业相关课程，形成从职业启蒙、职业认知到职业规划各阶段主干课程，建成从职业感知、职业兴趣、职业认知、职业分工、职业理想、职业指导等层面逐步递进的全流程课程体系。

## 二、杭职院青少年职业体验教学实施的做法

（一）组织模式

不同的学校组织框架不同，职责分工不同，社会服务的组织实施模式也不相同。有的学校成立专门的职业教育中心，负责全校的社会服务工作开展，工作涵盖从青少年的职业启蒙、职业认知、职业体验，到岗前的职业技能训练、职业规范习得、职业道德培养，再到在岗在职人员的职业技能提升、职业素养涵养、职业岗位迁移等全过程、全流程管理。有的学校实行二级单位自主管理，即每个教学单位都是独立的组织实施部门，依托各自的专业优势，各自开展本单位专业及相关领域社会服务项目。相关二级单位之间互不从属，相互独立。有的学校实行三级管理模式，即"学校—统筹部门—实施部门"三个等级的管理，分工明确，各自负责一部分职能及任务，相互配合，共同完成社会服务项目开展。以上三种模式均有各自优势，主要依据学校的机构设置、人员配备、项目需求选择某一种模式，效率优先，方便执行。

以杭州职业技术学院为例，学校青少年职业体验项目实行"学校—继教院—二级单位"三级管理模式，以"学校统筹、继续教育学院归口管理、二级单位落实"为原则，各级各部门配备专人负责项目实施与管理。相关部门设置及相应管理职能明确，各司其职，相互监督，重点把控关键环节，确保高标准、高质量地完成社会服务项目开展。

学校对青少年职业体验项目开展高度重视，组织多部门联动，配备项目管理、教学管理、设备管理、班级管理、财务管理、质量管理等相关工作人员，协同合作，负责项目实施及过程管理。继续教育学院作为学校青少年职业体验项目

实施归口管理部门，负责青少年职业能力体验项目的宣传与推广，各二级分院与继续教育学院在学校统筹下，联合开展项目实施（图5-2）。

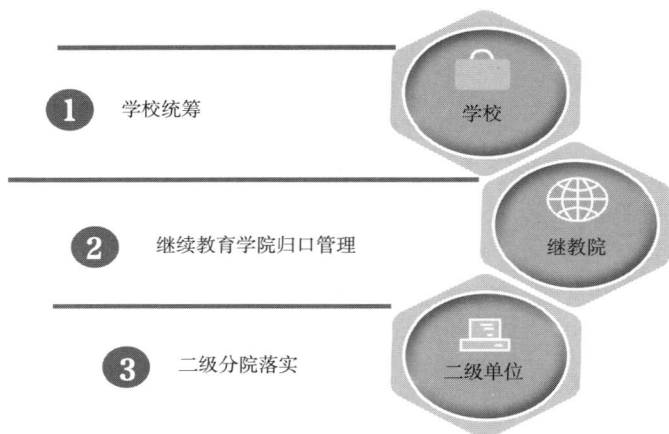

图5-2 青少年职业体验的三级管理模式示意图

从管理职能上来讲，继续教育学院负责监管协调，各二级分院负责实施落实，各自承担不同环节，各有侧重，相互监督，协作配合，共同开展。继续教育学院和各二级分院职责划分如下：

继续教育学院职责：负责协助项目开发及课程设计，起草项目宣传材料并对外宣传，咨询接待，接收报名，汇总职业体验需求及体验课程建议，形成任务清单，向相关分院下达任务，与相关职能部门沟通备案，安排落实后勤服务，培训管理人员及志愿者，协调细节落实，监管教学并汇总过程资料，进行项目综合评价，收集并分析反馈意见，协助费用结算等。

二级分院职责：负责项目开发及课程设计，提供项目介绍及课程方案，指派专门项目管理人员进行分院内部任务布置及协调，安排授课教师及助教，安排教学场地，购买耗材，材料预处理，准备工具及设备，实施课程教学，并进行教学管理，整理项目过程材料并上报，进行教师教学评价及学习成果评价，协助进行项目综合评价，汇总费用并分类结算，制作项目台账并进行项目总结。

（二）职业体验项目实施流程

按照职业体验实施的先后顺序，项目实施的常规流程如下：

（1）设计项目，遴选优质项目；

（2）项目宣传、组织招生；

（3）汇总需求，选定项目，形成课表与任务清单；

（4）针对非定制体验项目，按照常规内容及要求开展；针对定制体验项目，签订协议，明确项目、职责与要求，并按约定内容开展；

（5）向相关分院下发任务，明确时间、人数、场地、内容、课程要求、耗材设备与费用预算，督促相关分院按要求进行教学准备；

（6）协调相关职能部门联合做好服务保障；

（7）按约定开展项目体验，并进行宣传报道；

（8）进行教学评价及培训意见反馈；

（9）培训过程总结及费用结算；

（10）资料整理与台账制作。

（三）管理要点

项目实施过程中，为确保顺利完成教学任务，有几个关键点要重点把握：各方要职责明晰，任务明确，落实到人，各环节衔接要精准到位，信息反馈要及时准确，有过程预判和备用方案，同时，课程要融入职业安全要素，加强安全教育与安全管理。

1.人员配备

项目实施过程中，人员配备要齐全。一方面，依托学校强大的师资队伍，遴选优质的教师资源，作为职业体验的授课教师。另一方面，为确保学习效果和学习安全，每个职业体验课程，将遴选专业的优秀学生，作为课程的助教，在管理和维持活动安全、秩序的同时，协助教师更好地完成任务，不断提升活动的学习效果。在三级管理模式中，继续教育学院配备项目牵头人1名及项目管理员1名；各分院配备项目管理员1名；建立一定数量的有专业基础的志愿者服务队伍，确保每个体验班级配备2名志愿者；每个体验班级配备主讲教师1名，以及至少1名备用教师。

各分院配备的项目管理人员要相对稳定，专门就青少年职业能力体验项目与继续教育学院对接，避免继续教育学院与分院之间多头联系，造成信息不及时、不对称。分院的青少年职业能力体验项目管理人员可与分院负责技能培训工作的人员为同一人，既有利于减轻各分院人员压力，又方便各分院更加全面掌握社会服务工作情况。

课程主讲教师相对固定，同一课程培养AB教师，利于相互补位，同时减轻分院师资压力，避免对正常教学造成冲击。鼓励主讲教师多带学生助教，培养品学兼优的学生担任助教，促进新教师成长，储备项目师资。主动邀请校内外专家、技能工匠、行业企业技术能手来校，开设工匠讲堂，讲述工匠成长之路，诠释工匠精神，提升职业体验课程内涵（表5-1）。

项目志愿者优先从体验项目相关专业的低年级在校生中择优挑选并加以培养，锻炼学生的组织能力，拓宽职业视野，保持志愿者队伍相对稳定，方便项目管理，更利于项目实施过程中突发情况的处理。

表5-1 职业体验的校企共构师资团队（以园艺类为例）

| 序号 | 姓名 | 职称 | 所属专业组 | 承担职业体验课程 |
|------|------|------|------------|------------------|
| 1 | 龚仲幸 | 教授、高级工程师 | 园艺技术 | 校园园艺故事 |
| 2 | 吕伟德 | 教授、高级农艺师 | 园艺技术 | 豆腐作坊 |
| 3 | 邹春晶 | 副教授 | 园艺技术 | 中华花艺 |
| 4 | 张明丽 | 副教授、工程师 | 园艺技术 | 植物播种技术 |
| 5 | 黄璐滢 | 讲师、技师 | 园艺技术 | 植物拓染 |
| 6 | 郑慧俊 | 讲师、工程师 | 园艺技术 | 探索昆虫的奥秘 |
| 7 | 沈佳 | 讲师 | 园艺技术 | 植物与扇子的故事 |
| 8 | 魏春海 | 讲师、高级工程师 | 园艺技术 | 苗床翻耕 |
| 9 | 王水浪 | 讲师、工程师 | 园艺技术 | 植物扦插技术 |
| 10 | 余声 | 讲师 | 园艺技术 | 植物嫁接技术 |
| 11 | 郭春梅 | 讲师 | 园艺技术 | 推小车挑扁担活动 |

2.课程开发

课程作为项目的核心，决定了青少年职业体验活动的质量和效果。职业体验课程开发需符合青少年认知及学习规律，内容结合学校教育教学成果及专业建设，涵盖科技探索、文化艺术、传统文化、生产生活、职业技能、劳动实践等各类适合开展职业体验活动的课程，开发具有趣味性、实操性、职业性的体验课程。

同时，邀请业内外专家来校对省、市、区技能人才培养相关文件及中小学课程改革政策精神进行解读，为提升学校青少年职业体验课程品质出谋划策，提供多方信息，评选优秀课程，打造品牌课程。

课程开发要充分考虑不同的年龄阶段和年级阶段的差异，同一个课程也要根据不同年龄及年级制定深度广度不同的课程内容，并在教学设计中落实到位。课程开发要明确该项目的教学目的、教学标准、设备耗材、流程步骤、体验要求、安全注意事项、成果评价等关键环节要求。

3.资源建设

项目在设计时要充分利用好线上教学资源，采用线上线下混合教学模式，把传统教学方式优势和数字化、网络化教学优势结合起来，将二者结合，使二者优势互补，获得最佳的学习效果。充分发挥教师引导、启发、设计教学过程的主导作用，激发学习主体即学生的主动性、积极性和创造性。

教学中，充分利用各种在线教育教学资源，同时及时总结经验，开发具有鲜明职业特色的青少年职业体验在线课程资源。利用网络自主学习平台，制作并上传微课、教学视频、影像剪辑等素材材料，作为课程教学的有效补充。

通过课程资源建设及采用现代化的教学手段，突破传统教学模式，实现自主探究式学习和团队合作式学习，体现"能力本位"原则，加强师生互动，延伸学习的时间和空间，拓宽学生视野，提高职业素养。

4.过程管理

要始终坚持质量优先原则，将保证质量放在首位。从政策制定、工作实施、服务保障等多方面确保实现高质量教学，持续做好青少年职业体验项目开展。学校通过不断夯实细节，以做好做精每次体验活动为目标，以具体的体验课程实施为载体，细化各环节实施要求及执行标准，使项目开展"有规范可依照，有标准可执行，有量表可操作，有指标可评价"。将规章制度细化为行为落地，确保各环节可操作、可监管、可评价，不断提升项目管理质量。通过开展高水平的青少年职业体验活动，提升学校专业建设水平，助力学校人才培养工作的持续推进。

5.成本控制

成本核算主要由教学成本和后勤成本两部分构成。教学成本主要包括人员经费和耗材，后勤成本包括食宿、交通、文印制作等。教学成本属于硬性支出，需要按照最小单位进行核算，即每半天体验一个体验项目的费用。后勤成本不一定产生支出，按项目约定规格与标准核算。在精准核算成本基础上，优化支出，控制成本。

成本控制要平衡好时间、质量、成本三个方面的关系，优先保证教学质量。

成本核算过程中，首先根据上级相关文件规定确定人员成本，体现多劳多得，优劳多得。其次根据教学效果合理确定耗材成本，利于任务完成及成果呈现。最后保证工具设备，工具设备也可与全日制教学共享，即可确保项目顺利开展，又便于节约成本。

对于公益类项目，要制定扶持政策，确保专款专用，体现公益性。对于定制类项目，基于成本核算及成本控制，可实现微利运作，结余经费可投入项目课程开发及宣传等方面，确保项目可持续发展。

（四）实施路径

目前，杭州职业技术学院青少年职业能力体验项目实施主要分为以下三种情况：

1.以体验对象为主体，共同选定体验项目

该路径以体验对象为核心，由体验对象组成单独的班级，综合考虑体验意愿，共同选定体验项目。该路径适用于以学校或年级开展职业体验活动，以班级为单位，不用拆分班级，方便管理。缺点是少数服从多数，个人体验项目选择意愿最终需要服从多数人的选择，个别选择意愿可能无法满足。

2.以体验项目为主体，体验对象自由组合

该路径是以体验项目为核心，选定一定数量的体验项目，以项目为单位，根据项目特点设定每项目限选人数，体验对象根据自己的兴趣爱好自由选择体验项目。该路径适用于开展以个体对象参加为主的职业体验活动。缺点是项目选择情况可能不平衡，有的项目选择人数多，有的项目选择人数少，如果项目已选人数超出上限，那么后选择的人就只能挑选剩余项目，个别选择意愿可能无法满足。

如果是学校或年级集中开展职业体验活动，选择这种路径需打乱原有班级建制，同一个班级的学生会分散到不同项目中，需在项目分组和结束后集合环节加强管理。

3.体验项目与体验对象交叉组合

该路径适用于常态化开展的公益类青少年职业体验项目。定期公布常态化开展的体验项目及开放时间，青少年可以在项目开放时间选择自己感兴趣的项目进行体验。该路径的优点在于自主性强，可以根据个人的时间及兴趣选择。同时，该路径也适用于不同群体对象同时开展职业体验学习，比较灵活。

（五）服务保障

建立专门的项目实施领导小组，定期召开项目实施推进会，积极推进项目开展，落实体验活动的场地及设备设施，确保项目顺利进行。在分院范围内征集学生志愿者，建立一支有热心、耐心和责任心的学生志愿者队伍，协助项目各环节顺利开展。同时，积极推进项目制度化管理，严格执行教育教学管理制度及项目保障制度，确保项目顺利开展。

学校确保项目实施过程中各项保障工作精准到位，硬件条件确保符合场地、消防、食品、卫生、网络信息等方面的安全要求，建立健全安全管理制度和应急预警处理机制，防范各类安全责任事故发生。严格落实日常安全管理，筑牢校园安全稳定防线，有效预防、及时消除隐患苗头，快速稳妥处理各类突发事件，切实落实安全主体责任。

学校常态化开展校内社会服务领域风险隐患排查，并将青少年职业体验项目纳入风险隐患整改范围。定期全面梳理和排查项目实施过程中存在的风险及隐患，摸清风险漏洞和短板，健全防控机制和措施，坚决防范审核不严格、过程不规范、效果不达标、内控不落实等现象，持续规范监管项目实施，提高风险预警能力，促进青少年职业体验项目健康有序发展。

## 三、项目延展

（一）将青少年职业体验项目融入其他项目建设

在做好、做强、做精青少年职业体验项目的基础上，将青少年职业体验项目融入其他项目建设。例如，实现职业能力体验项目模块化建设，并将职业能力体验项目模块嵌入其他培训课程体系，与创业培训、师资培训、失业人员、失地农民培训、退转军人技能培训相结合，拓展学校就业再就业社会服务项目建设思路与途径。

（二）积极营造青少年职业体验项目氛围

积极布局，促进职业能力体验项目体系建设，与时俱进，推陈出新，从政策、人员、师资、项目开发、品牌包装、服务保障等多方面着手布置优化。当前项目授课地点多分散在各分院实验实训场所，条件成熟时，可集中建设青少年职业体验专用场所及项目体验室，便于集中管理，提升效率，也可避免项目大力推进、课程密集时对正常教学秩序的影响，同时，设立项目集中展示区，集中开展项目宣传及安全教育，更好地进行宣传，营造氛围，提升品质。

（三）持续激发教师参与社会服务的积极性

为进一步提升分院主动性及激发教师积极性，学校逐步推出扶持政策，将在各分院开展职业能力体验项目纳入年度社会服务考核范围基础上，单列权重，将教师参与青少年职业能力体验项目情况作为评优、职称晋升等优先参考指标之一，提升各分院、教师参与项目建设的积极性，提高全校对青少年职业体验项目的认知，使该项目获得更广泛的支持，促进项目长期健康发展。

（四）突出职业性，开发一批优质职业体验课程

立足学校优势专业，开发具有职业性强、体验感强的职业体验课程，通过为青少年和中小学教师搭建融趣味性、操作性、游戏性于一体的职业教育体验平台，将职业教育理念融入基础教育，引导青少年从小培养科学的职业理念。充分发挥职业教育自身办学优势和专业特色，加大课程创新，优化一批优质职业体验课程。

同时，学校在传统非物质文化遗产类项目建设基础上，重点开发紧跟当代科技发展的青少年职业体验课程，旨在开展丰富多彩的职业体验活动，着力提高中小学生的社会责任感、创新精神和实践能力，促进学生德智体美劳全面发展。在职业体验活动中突出职业素养教育，弘扬工匠精神，传播工匠文化。

（五）加强校企合作，持续开展特色鲜明的仿真职业体验活动

在课程的项目设计及实施过程中，将企业真实岗位实际融入课程，抓取典型岗位及典型任务，将其作为课程教学项目或教学任务。教学组织按照岗位实际流程进行，青少年在体验及学习过程中，既学习了岗位知识与技能，又通过真实项目的学习，进一步感受职业氛围。教学过程融入生命教育、安全教育及健康教育，教会青少年尊重生命，提高青少年的安全意识，使青少年从生存方式、生活方式、学习方式等方面获得有益指导。

## 第三节　杭职院青少年职业体验教学实施的关键环节和实例

当前教育要培养满足适应社会转型发展需求、具有良好的职业素养、具备创新能力的复合型人才，就要从青少年做起。要实现学业、就业、创业更好地衔接和过渡，需要从儿童阶段，特别是青少年阶段这个人格及职业方向养成的关键期，积极引导、教育、帮助广大青少年了解社会职业，正确定位自己，认知岗位、形成正确的职业观和发展观，在人生的早期能够比较明确地确定未来的职业发展路径，并在相应的学业阶段为职业发展做好准备，避免做盲目或者被动的选择。

为青少年未来的职业选择做好准备，引导青少年发现职业兴趣、唤醒职业意识、积累职业知识技能、建立职业道德、形成职业素养，是职业体验活动实施的核心和出发点。青少年职业体验教学实施要遵循"知行合一、学以致用"的原则，依照体验任务和职业情景，着重将理论运用到实践中，并在实践过程中不断发现问题、总结经验、修正不足，形成不断完善、持续更新、可持续发展的动态教学实施体系。

2014年学校开展青少年职业体验活动以来，依托学校专业建设，至今已自主开发课程300余门，涵盖多个职业领域，全真模拟岗位实际，力争做到"教学做合一"，形成"自我发现—职业认知—职业启蒙—职业体验"较为成熟的体验链，同时根据不同的年龄阶段及认知能力，实施阶梯型、发展型、成长型职业体验活动，满足不同阶段的需求，帮助青少年在每一次体验中都能有所学、有所做、有所思，了解一个岗位，感受一种职业，增长一分信心，不断激发自信心和想象力，获得更强的学习动力，在学业进步的同时拓展职业发展能力。学校在实施青少年职业体验活动过程中，不断探索职业教育反哺基础教育路径，获得实践经验，推进职业教育创新发展，提升社会服务能力。

## 一、杭职院青少年职业体验教学实施的关键环节

经过几年的实践摸索，现已形成较为成熟的课程开发、项目实施、质量管控、服务保障的项目体系。根据可控性及可实施性，学校青少年职业体验实施过程关键环节分为三个主要阶段。

### （一）教学准备

1.师资准备

每门课程均配备至少两位教师，设主讲及辅讲。主讲一般由专业负责人或专业一线教学经验丰富的资深教师领衔担任，辅讲可配多名。以"老带新"传帮带模式，教师即可单独授课，也可合作开展，互为补充。同时，在专业中遴选一批成绩优秀、责任心强、热心于公益活动的学生担任助教，协助教师完成场地布置、耗材预处理、材料准备等课前准备工作，并在课程实施过程中协助场地管理及辅助教学。

课程实施过程中，教师遵照"做中学"的指导思想，打破传统的讲授式教学模式，以情境任务为驱动，提取岗位典型任务要素，设计符合岗位实际的真实任务，明确知识目标、技能目标及素养目标，明确学习任务及学习结果，培养学生自主探索、团结合作的意识和能力，鼓励创新，在完成任务过程中逐步提高分析问题、解决问题的能力。

2.教学设计

基于学习对象不同，科学设计教学各个环节。教学设计以情境任务为驱动，将那些贴近生活、学生感兴趣的职业技能引入课堂，进行重点探索，导入情境，引出任务，将大任务分解成小任务，通过小组合作及"差异性"独立自主学习实践相结合的教学方式，按层次下发学习任务，指导学生完成相应的学习任务和学习成果检测，达到教学目的。

以多种活动为载体，训练基础职业技能，提高职业适应能力；以情境任务为驱动，提供仿真环境，提升职业理解，具备基本解决实际问题的能力；通过职业熏陶，进一步感受职业氛围，提高团队合作能力，引导学生树立正确的人生观、价值观和职业观。

3.授课准备

在选定体验课程之后，教师要根据课程确认单进行授课准备，根据不同的年龄段、学校类型、心智水平、行为特点等因素进行学习者特点分析，得出其在知、情、意、行等方面的特点，包括认知特点、情感特点、意志力特点及行为特点等，分析其在情感、意志力、行为等方面的学习特点及学习风格，了解其基于该项目的知识技能储备，确定授课方案。

授课方案要从三个方面明确课程的总体目标，即知识目标、技能目标及素养目标。结合课程总体教学目的，确定主要教学内容，辅以现代化教育教学手段，增强其自主学习能力，提高职业综合素养。

授课方案完成后，按照"课前准备—课堂实践—成果展示"的环节进行材料准备。包括准备耗材、工具、场地、设备等。根据教学任务及教学方法，选定教学材料，按工位要求准备好工具设备，对耗材进行预处理，做好示范准备等各项工作。

4.后勤服务准备

根据项目要求及体验流程，完成各项后勤服务准备，包括用车、就餐、场地服务等各项后勤保障准备工作。同时明确工作内容与服务要求，制定突发情况处理预案，并进行必要的人员培训与演练，确保场地安全、衔接流畅、服务到位，为顺利完成各项体验教学任务做好保障及服务。

（二）教学实施

1.人员集结

项目正式开展时，首先进行人员集结，包括教师、助教、相关项目管理人员、带班人员及学员。在规定时间，各类人员在指定位置集结。学员集中后，先根据项目分班，按照事先安排好的计划，体验项目相同的分为一个班，注意人数要求，超出人数要求的可分为多个班次进行体验。学员集结完毕，可先进行安全教育，也可由带班人员护送至体验地点，交给项目管理人员，再进行安全教育。在明确了相关授课及操作过程中的各项注意事项后，由教师及助教授课，体验活动正式开始。

2.课程实施

课程实施作为一个动态的序列化的实践过程，是落实授课任务及授课方案的过程，在规定的时间内完成既定的教学任务。从课程导入开始，提出问题，引起关注，激发兴趣，重在引导学员经过积极思考，团队协作，结合一定的创新思维，自主发现并找到解决问题的方法，经过实践操作，最终形成符合预定设想的成果。职业体验课程一般重实践，轻理论，通过内容载体及情境设计，使学员在实践中实现学习目标，自觉执行学习计划，经过信息识别，整合处理，顺利完成任务。

3.教学保障

在课程实施过程中，要做好各项教学保障工作，包括材料保障、场地保障及设备工具保障等，做好过程管理。以尊重学生的个性为根本出发点，以人为本，符合青少年身心发展，满足不同学生的学习需求。教学场地建议优先选择专业化实验实训场所，嵌入职业文化，仿真性强，更易营造职业氛围，培养职业素养。教学保障要精准严格，事前有计划，事中有预案，事后有评估，过程反应要迅速，及时总结经验，不断提升管理及服务质量（图5-3）。

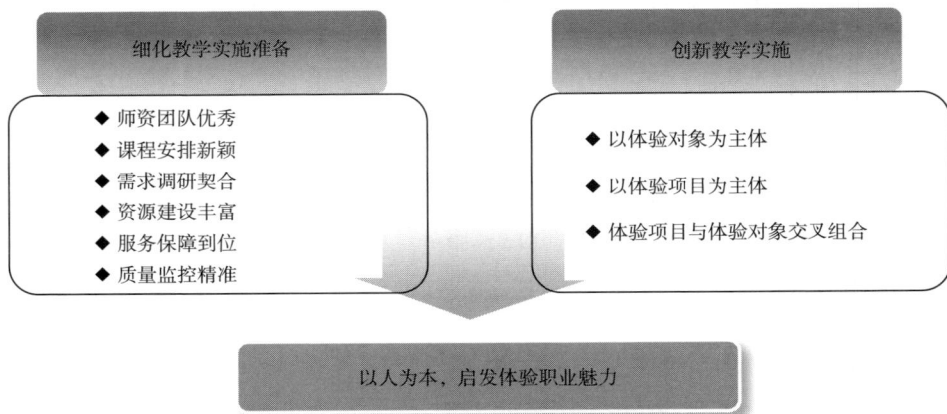

细化教学实施准备

◆ 师资团队优秀
◆ 课程安排新颖
◆ 需求调研契合
◆ 资源建设丰富
◆ 服务保障到位
◆ 质量监控精准

创新教学实施

◆ 以体验对象为主体
◆ 以体验项目为主体
◆ 体验项目与体验对象交叉组合

以人为本，启发体验职业魅力

图5-3　青少年职业体验教学实施关键环节示意图

（三）教学评价

教学评价包含对教学过程中的教师、学生、教学内容、教学方法、教学环境、教学管理诸因素的多向评价。主要是对教师教学成效的评价和对学生学习效果的评价（图5-4）。

1.教学成效评价

教师教学成效评价主要通过两个维度进行，分别为教师自评及学员测评。教师自评主要包括：本次体验活动是否完成了既定任务、达到了既定目标、实现了

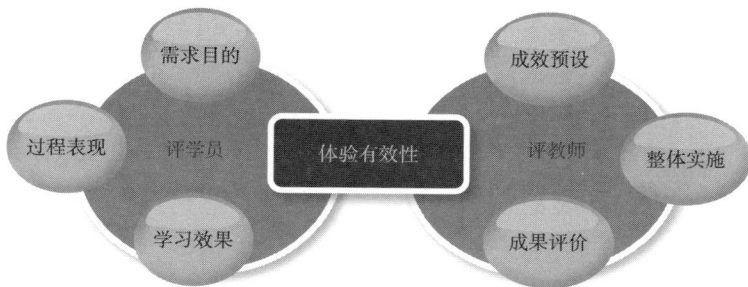

图5-4 青少年职业体验教学实施评价要素示意图

既定效果等,做到"六要",即准备要充分、教学要认真、内容要丰富、重点要突出、内容要详细、方法要适当,课堂气氛活跃,课堂互动好等。学员测评是对整个体验过程中的教学实施进行全方位评价,主要包括项目设计、内容安排、教学方法、授课过程、成果评价、教学保障等。

2.学习效果评价

学生学习效果评价主要由教师、助教及带班人员进行,分为过程评价和结果评价。过程评价主要是反映学员参加体验过程的整体表现,包括学习兴趣、参与态度、知识与技能、思维品质、团队协作等,目的体现学员过程参与度及表现差异。结果评价主要通过最终作品或成果来展现,由授课教师做出评价。教师根据最终作品或成果进行专业性分析及评价,并通过现场点评的方式鼓励学生积极展示,创新挑战,树立自信心,获得更多的体验感。

3.项目综合评价

项目结束后,对整个体验活动的设计、组织、实施要进行综合性评价。通过各方参与人员的反馈,对教学组织、教学实施、现场管理、服务保障做出评判,总结经验,发现不足,及时改进,提升项目品质,取得预期成效。

## 二、杭职院青少年职业体验的教学实施实例

### (一)自主体验类

学校自被认定为"杭州经济技术开发区青少年学生第二课堂活动基地"以来,一直致力于开展融趣味性、操作性、职业性于一体的职业教育反哺基础教育体系建设,职业体验课程设计以学校优势专业为基础,融入工作实景,充分考虑

体验对象的知识水平与心理特点，常态化开展职业技能体验。

第二课堂活动基地立足于学校现有专业，开发具有职业性强、体验式的职业体验课程，通过为中小学生和教师搭建职业教育体验平台，将职业教育理念融入基础教育，引导青少年从小培养科学的职业教育价值观念，激发创新创业精神。

学校长期常态化开展的职业体验项目见表5-2。

表5-2　杭州职业技术学院职业能力体验项目课程单（部分）

| 序号 | 项目名称 | 专业方向 |
|------|----------|----------|
| 1 | DIY个性化T恤绘制 | 服装 |
| 2 | 芭比娃娃服饰制作 | 服装 |
| 3 | 和风花发夹制作 | 服装 |
| 4 | 花卉写生 | 服装 |
| 5 | 巧手DIY——编织手链 | 服装 |
| 6 | 巧手DIY——钥匙包制作 | 服装 |
| 7 | 小饰品图案绘制 | 服装 |
| 8 | 中国结手环制作 | 服装 |
| 9 | 插花艺术 | 动漫 |
| 10 | 动漫面具制作 | 动漫 |
| 11 | 动漫黏土制作 | 动漫 |
| 12 | 动漫纸模制作 | 动漫 |
| 13 | 多肉组合盆栽 | 动漫 |
| 14 | 急救在身边——心肺复苏 | 动漫 |
| 15 | 噎食和烧伤的急救 | 动漫 |
| 16 | 趣味贺卡制作 | 动漫 |
| 17 | 鲜花压花 | 动漫 |
| 18 | 植物微景观 | 动漫 |
| 19 | DIY香水制作 | 生态 |
| 20 | 焙烤制作 | 生态 |
| 21 | 花草再生纸制作 | 生态 |
| 22 | 化学魔术变化体验项目 | 生态 |
| 23 | 七彩水晶皂的制作 | 生态 |
| 24 | 食品安全快速检测 | 生态 |

续表

| 序号 | 项目名称 | 专业方向 |
|---|---|---|
| 25 | 五彩缤纷的微生物世界 | 生态 |
| 26 | 香囊制作 | 生态 |
| 27 | 熊大"治"水——化腐朽为神奇 | 生态 |
| 28 | 自制暖宝宝 | 生态 |
| 29 | 小小谈判家的养成 | 人文 |
| 30 | 口才体验——讲好一个故事 | 人文 |
| 31 | 演讲体验——我有一个梦想 | 人文 |
| 32 | 形体体验——舞蹈演员的一天 | 人文 |
| 33 | 声乐体验——歌唱祖国 | 人文 |
| 34 | 带你游杭州 | 人文 |
| 35 | 我是党史宣传员 | 人文 |
| 36 | 神奇魔珠 | 特种 |
| 37 | 无纺布卡包制作 | 特种 |
| 38 | 激光切割机制作工艺品 | 特种 |
| 39 | 无人机飞行体验 | 特种 |
| 40 | 电梯风险认知 | 特种 |
| 41 | 电梯困人逃生 | 特种 |
| 42 | H5贺卡制作 | 信电 |
| 43 | 编程小能手 | 信电 |
| 44 | 个人网页制作小能手 | 信电 |
| 45 | 计算机组装 | 信电 |
| 46 | 家庭网络安全 | 信电 |
| 47 | 客流量计数器 | 信电 |
| 48 | 趣味电子幸运转盘制作 | 信电 |
| 49 | 神奇算法实现 | 信电 |
| 50 | 网络小能手 | 信电 |
| 51 | 机床奥妙 | 机电 |
| 52 | 创意版面设计 | 机电 |
| 53 | 机器人的奥秘——机器人认知体验之旅 | 机电 |
| 54 | 基于Arduino的机器人编程基础及展示 | 机电 |

续表

| 序号 | 项目名称 | 专业方向 |
|------|----------|----------|
| 55 | 3D打印设计 | 机电 |
| 56 | 无纺布创意产品设计与制作 | 机电 |
| 57 | 纸艺制作 | 机电 |
| 58 | 手机壳图案设计 | 机电 |
| 59 | 木艺DIY | 机电 |
| 60 | 神奇的皮具——手工皮具制作 | 机电 |
| 61 | 智能制造的摇篮——计算机辅助制造 | 机电 |
| 62 | 智能制造，模具先行（探秘盘子的生产过程） | 机电 |
| 63 | 激光打标雕刻加工 | 机电 |
| 64 | 认识汽车 | 汽车 |
| 65 | 小小汽车灯光师 | 汽车 |
| 66 | 小小汽车检验师 | 汽车 |
| 67 | 小小汽车年检师 | 汽车 |
| 68 | 小小汽车设计造型师 | 汽车 |
| 69 | 创意软陶泥车模制作 | 汽车 |
| 70 | 汽车突发状况下的应急处理 | 汽车 |
| 71 | 会计信息系统我来练 | 商贸 |
| 72 | 会计原始凭证我来填 | 商贸 |
| 73 | 见证建筑生命旅程 | 商贸 |
| 74 | 古建筑探秘 | 商贸 |
| 75 | 模拟炒股 | 商贸 |
| 76 | 短视频制作 | 商贸 |
| 77 | 服饰搭配与礼仪 | 商贸 |
| 78 | 海报制作 | 商贸 |
| 79 | 海外淘宝 | 商贸 |
| 80 | 快乐网购 | 商贸 |
| 81 | 真假商品我来辨 | 商贸 |
| 82 | 美丽餐巾我来折 | 商贸 |
| 83 | 你秀我拍 | 商贸 |
| 84 | 闻香品茗 | 商贸 |

第二课堂项目开放时间为学期内每周一至周五开放。寒暑期为每周三至周五白天开放。周末及寒暑期团体活动需提前七个工作日预约。规定时间某个项目的报名人数达到开班要求后，就要做好开班准备，按时开班。下面以《花草再生纸制作》项目开展为例介绍项目教学实施过程。

花草纸是源于中国最古老的手工造纸法制造出的纸张。制作方法是在纸浆上直接铺就花草，经自然晾干而成的纸张有着纯天然的美丽压花图案，花草与纸融合为一，既有纸的妙用，又散发着花草香，呈现出一种别样的画意。

1.教学目标明确

通过纸张再生的方式呈现出这一古老的造纸术，让学员亲身体验古法造纸，既能够感悟先人的智慧，又可以在再生纸的制作过程中实践环保理念，通过制作纸成品，加深对自然资源的再生与利用的认识，从小培养环保意识。

2.教学方法确定

传统造纸中最复杂的析出纤维的部分，即纸浆的制作可用科学的方法进行前期处理，而之后的抄纸、晾干、压平以及加入花草等步骤则可保持手工制作的方法，其制作过程相对较为简单且没有明显的安全隐患。

鉴于此，在实践教学过程中，指导教师采用"教学做一体化"教学方法，在做好必要的材料等前期准备后，在现场用PPT图片呈现出方法步骤及涉及的基本小知识，引导学员跟随着一起制作，让学员在受教过程中及时掌握相关技能。

3.教学材料准备

（1）耗材材料：脱水纸浆；网框（A4纸大小）；小木勺和木夹子；手动搅拌器；牛皮纸相框；接水托盘；干花草、颜料、亮片等适量；水彩笔；植物造纸胶；烧杯（500mL）。

（2）设备：烘箱。

4.教学过程安排

（1）前期准备：课前准备好再生纸的制作工具和材料，并按份分装。

（2）课前准备：讲课内容和再生纸制作演示PPT准备。

（3）上课前与实训室及管理人员再次确认好所有准备工作是否完成。

（4）课堂具体安排（90分钟）：

相关介绍：项目主题介绍和指导教师介绍（3分钟）；

知识讲课：环保资源再利用、古法造纸术等介绍（5分钟）；

项目讲解：所用工具和材料的介绍及展示、再生花草纸展示及其制作图示讲解（10分钟）；

实践开展：让学员跟随指导教师进行再生花草纸的制作（60分钟）；

场地整理：场地及材料整理与杂物清扫（2分钟）；

成果展示：展示学员亲手制作的由自己设计的花草纸，使学员在学习体验古法造纸术的同时感受自然资源再利用的环保理念（5分钟）；

活动总结：指导教师对过程、方法、态度、作品进行点评（5分钟）。

5.关键技能明确

（1）纸浆的制作：10g脱水纸浆约兑1000mL水；纸浆要用搅拌器充分搅拌使其完全散开。

（2）抄纸过程：可用小木勺浇或者直接抄纸的方式，要均匀地将纸浆轻铺一层于网框上。

（3）花草等材料嵌入纸浆后，要及时用更稀一点的纸浆浇盖其上，防止其干燥后脱落。

6.项目评价实施

逐项对照体验目标，对项目实施过程及结果进行评价。项目评价内容主要是对体验对象学习效果的评价和教师教学过程的评价。评价对象包括：教师、学员、志愿者、管理人员、服务人员，对项目实施过程中教师、学员、教学、管理、保障等关键因素进行客观评价，为项目反思及后续项目开展提供第一手信息。

（二）定制体验类

定制类职业体验主要适用于某所学校或年级成建制体验，这类体验可根据需求进行个性化定制，充分考虑到体验者的心智特点、学习水平、动手能力及操作习惯，全面评估学习兴趣，精心设计项目，遴选体验内容，丰富教学手段，通过塑造职业角色、动手操作、成果展示、情景体验等环节，将职业教育理念融入基础教育，契合度更高，最大程度地实现教学目的，达到最优教学效果（图5-5）。

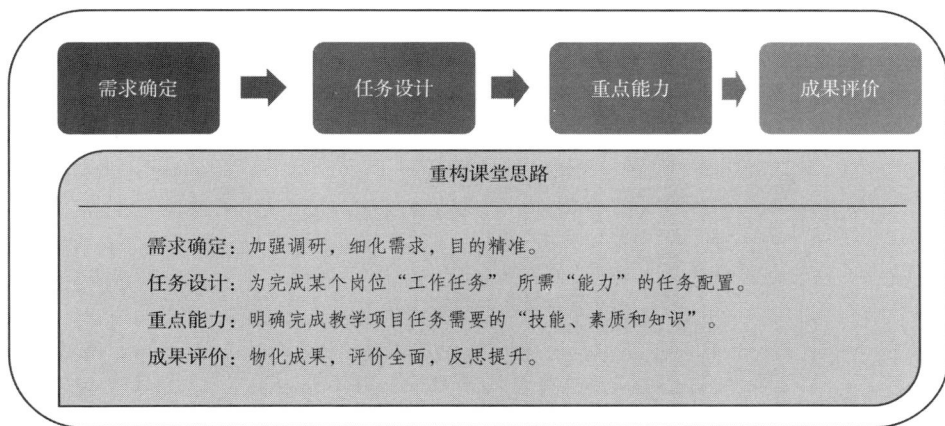

图5-5　定制类青少年职业体验课程实施流程示意图

下面以《幼儿园定制职业体验》项目为例介绍课程实施流程。

2018年10月，学校迎来了史上最小的体验者，一批幼儿园的小朋友。小朋友们分别参观了校园、动漫游戏学院、达利女装学院一楼展厅、园艺种植基地、机床博物馆等，随后体验了动漫人物黏土制作、巧手插花、香囊制作等项目，进行了生动、有趣、有序的职业体验。实施流程计划见表5-3。

表5-3　幼儿园定制职业体验实施流程示例

| 团队名称 | 小小职业能力体验者 |
|---|---|
| 体验对象 | 杭州市政府机关幼儿园的小班、中班、大班三个年级的小朋友 |
| 体验时间 | 2018年10月22日（星期一）上午 |
| 体验人数 | 275人 |
| 需求描述 | 1.体验一个职业项目<br>2.要有完整的职业流程，从准备、操作到成品<br>3.通过实际操作，了解该项目的基本要求及基本任务<br>4.鼓励小学员们树立职业信心，感受劳动快乐 |
| 体验原则 | 1.安全第一<br>2.体现学校和专业特色、感受职业文化<br>3.有亲手制作的成果作品，作为体验纪念品 |

续表

| 团队名称 | 小小职业能力体验者 | | |
|---|---|---|---|
| 时间安排 | **班级** | **内容** | **项目体验地点** |
| | 大班<br>（共90人） | 1.参观校园（参观友嘉机电博物馆→达利女装学院一楼展厅→项目体验）<br>2.职业体验项目：中药辨识→香囊制作<br>3.学校操场：作品集中展示 | 公共实训基地<br>4楼会议室 |
| | 中班<br>（共95人） | 1.参观校园（达利女装学院一楼展厅→园艺种植基地→项目体验）<br>2.职业体验项目：绿植认知→巧手插花<br>3.学校操场：作品集中展示 | 组一：6222教室<br>（共48人）<br>组二：6147教室<br>（共47人） |
| | 小班<br>（共90人） | 1.参观校园（沿善湖西侧至动漫学院一楼参观→201室观看动漫→项目体验）<br>2.职业体验项目：动漫赏析→动漫人物黏土制作<br>3.学校操场：作品集中展示 | 组一：403教室<br>（共50人）<br>组二：503教室<br>（共40人） |

| 项目安排 | | **时间** | **内容** | **要求** |
|---|---|---|---|---|
| 项目安排 | 上午 | 9:15~9:20　5分钟 | 接车、整队 | 各项目集合、分组 |
| | | 9:20~10:30　70分钟 | 参观+体验 | 按照计划路线参观、项目体验 |
| | | 10:35~10:55　20分钟 | 作品集中展示 | 晴天在学校操场<br>雨天在学生活动中心一楼大厅 |
| | | 10:55~11:00　5分钟 | 集合、拍照 | 拍班级照片、集合、上车 |
| | | 11:00　— | 发车 | 离校 |

| 注意事项 | 1.确保安全第一的原则<br>2.上下楼走楼梯或乘坐电梯务必有专人陪同，不拥挤、不打闹，确保安全<br>3.关注小朋友的注意力时间长度，学做结合，生动有趣<br>4.体验过程中，要关注到每位小朋友的作品进展，确保每位小朋友都有成品完成<br>5.体验结束后，请将小朋友护送至集合地点，上车离校 |
|---|---|

| 教学评价 | 1.以规定时间内现场作品完成度以及作品是否达到基本要求为主要评价指标<br>2.以小学员们可以用1~2句话描述体验的职业特点或职业感受为辅助指标<br>3.有快乐学习，积极向上的职业面貌 |
|---|---|

续表

| 团队名称 | 小小职业能力体验者 |
|---|---|
| 项目反思 | 1.是否实现体验需求<br>2.过程是否安全、有趣、学做结合<br>3.过程衔接是否流畅完整<br>4.各项教学及保障任务落实是否到位 |

在确定本次职业能力体验任务后，为了给孩子们呈现多彩、有趣、生动的课程，继续教育学院考虑到同时间段体验人数多、年龄小的特点，专门召集相关分院项目负责人，在项目选择基础上，一起研讨、设计、遴选教学内容，精心设计课程，生动有趣可操作，融入一定的职业元素，启发职业想象、感受职业特点。各方积极配合，及时采购耗材、安排场地、协调志愿者协助管理等，各部门分工合作，顺利完成本次任务，完成各项预定目标。

（三）混合体验类

2019年杭州职业技术学院被认定为"杭州市中小学生研学旅行基地"，为进一步加强学校青少年职业体验项目社会化宣传与推广，11月30日，学校首次举办了"杭州职业技术学院青少年职业体验开放日"活动（图5-6~图5-9）。活动当天，有小朋友及其家长近100人前来参加职业体验。本次开放日设置了参观校园、参观国家级工业机器人开放式实训基地、观摩"创想杯"3D打印造型技术赛项的现场、游览浙乡非遗馆等参观类职业体验项目，还设置了香囊制作、再生纸制作及手工皂制作等实操类职业体验项目，同时开设了茶艺体验课。家长和小朋友共同参加了以上活动。

水培植物
栽培

多肉组合
种植

多肉植物组合搭配，创造
独一无二的小盆栽

体验无土栽培，培育
水生植物

趣味园艺

园艺知识
普及

园艺小常识介绍，认识植物多样性，
激发园艺情趣，分享经历与感受

体验小小园艺师的感觉

植物小盆景

植物小瓶景

考察水生植物与多肉植物，
感知运用生物技术培养植物

利用生物技术将植物种植到生物
试剂中，进行培养繁殖

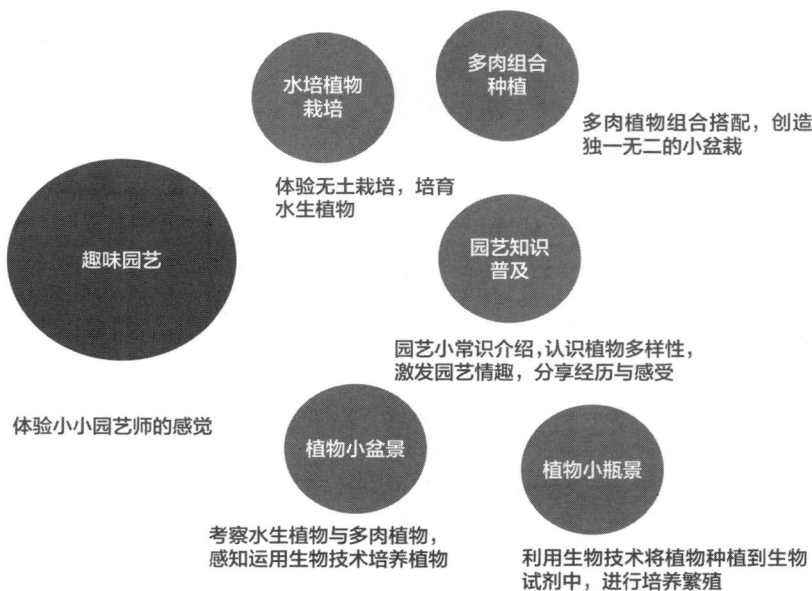

图 5-6 职业体验一日定制——趣味园艺

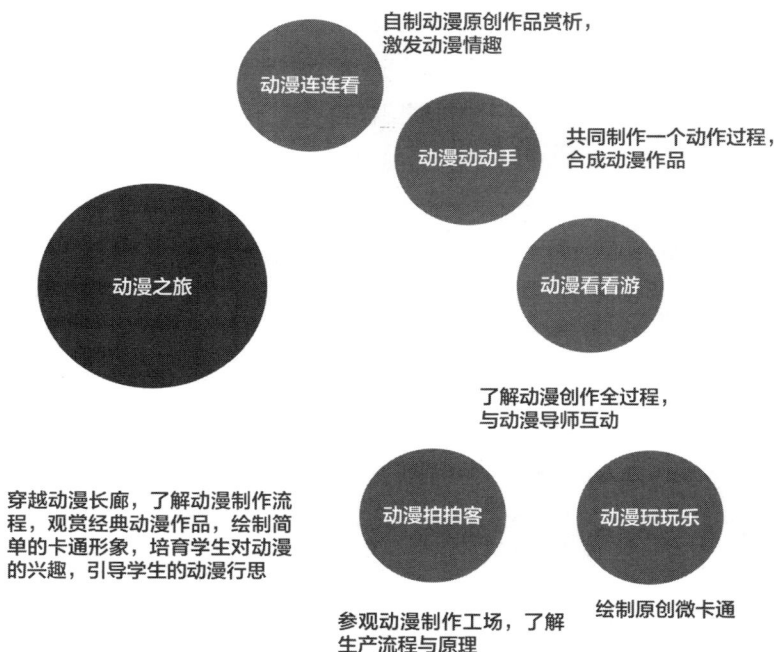

自制动漫原创作品赏析，
激发动漫情趣

动漫连连看

动漫动动手

共同制作一个动作过程，
合成动漫作品

动漫之旅

动漫看看游

了解动漫创作全过程，
与动漫导师互动

穿越动漫长廊，了解动漫制作流
程，观赏经典动漫作品，绘制简
单的卡通形象，培育学生对动漫
的兴趣，引导学生的动漫行思

动漫拍拍客

动漫玩玩乐

绘制原创微卡通

参观动漫制作工场，了解
生产流程与原理

图 5-7 职业体验一日定制——动漫之旅

饰品制作

服装色彩
搭配

用简单的材料制作发卡、
头花、头饰品和服装饰品

了解服饰色彩设计、色彩
搭配、看色彩的方法

服装新天地

认识
服装服饰

走读服装车间，发现自己
的兴趣点

美丽小模特

了解服装的生产流程与主要流派，
体验服装模特，为家人定做服饰
品，激发学生对服装文化的兴趣，
提高学生审美与表现美的能力

立体裁剪

培养学生正确的坐姿、站姿、
走姿和气质的培养

了解立体裁剪的方法，学习
立体裁剪基础，制作小衣服

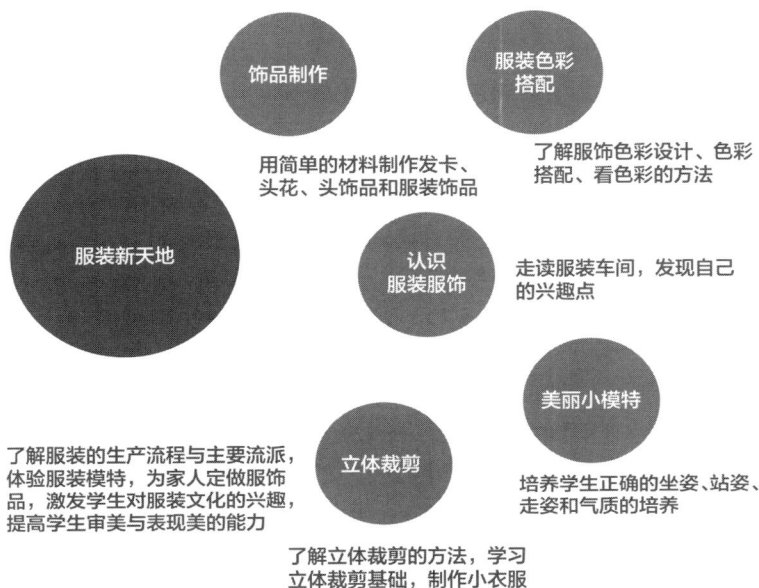

图5-8 职业体验一日定制——服装新天地

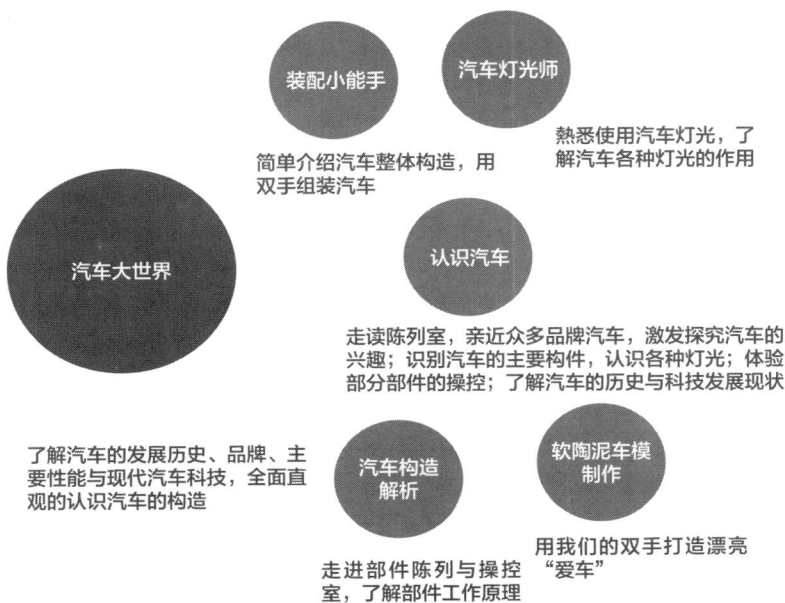

装配小能手

汽车灯光师

简单介绍汽车整体构造，用
双手组装汽车

熟悉使用汽车灯光，了
解汽车各种灯光的作用

汽车大世界

认识汽车

走读陈列室，亲近众多品牌汽车，激发探究汽车的
兴趣；识别汽车的主要构件，认识各种灯光；体验
部分部件的操控；了解汽车的历史与科技发展现状

了解汽车的发展历史、品牌、主
要性能与现代汽车科技，全面直
观的认识汽车的构造

汽车构造
解析

软陶泥车模
制作

用我们的双手打造漂亮
"爱车"

走进部件陈列与操控
室，了解部件工作原理

图5-9 职业体验一日定制——汽车大世界

下面以职业体验开放日——《茶艺》体验为例介绍课程实施内容。

1.课程目标

知识目标：

（1）能阐述茶叶主要成分及其特性。

（2）能阐述茶叶的基本分类方法。

（3）了解茶叶加工、制作工艺及其品质特征。

技能目标：

（1）根据20个茶样，准确识别其所属的六大茶类并描述该茶类典型特点。

（2）能辨识中国十大名茶，并简要说明其特征。

（3）掌握乌龙茶冲泡技艺。

情感目标：

（1）培养茶文化素养，激发学生弘扬中国传统文化的情感。

（2）养成善于动脑，勤于动手，互助互帮的良好习惯。

2.教学材料

（1）20种茶样各50g。

（2）十大中国名茶茶样各50g。

（3）20个叶底盘。

（4）乌龙茶茶具（每人）：茶盘2个、乌龙茶茶具1个、茶叶罐1个、品茗杯4个、闻香杯4个、杯垫4个、茶巾1张、茶道组合1套、水壶1个、泡茶用桌椅1套。

（5）一款乌龙茶茶叶250g。

3.教学内容

（1）茶叶主要成分及其特性。通过现场讲解，了解茶叶的主要成分，如茶多酚、茶色素、生物碱、氨基酸、蛋白质等，并探究这些成分的特性及其对人体健康和生命发展做出的贡献，了解茶与健康的关系，养成饮茶习惯。

（2）茶叶的基本分类方法。通过观察茶样和聆听讲解，掌握茶叶的基本分类——绿、红、白、黄、青、黑，说出每一类茶叶的基本特征；了解再加工茶种类和表现形式。

（3）茶叶加工、制作工艺及其品质特征。通过观看视频、图片和研学导师讲解，了解不同种类茶叶加工、制作工艺及其品质特征。

（4）20种茶样归类。通过观察20种干茶茶样和聆听讲解，了解茶样所属茶类和干茶品级，能够将20种茶样分门别类归入六大类茶并说出茶样品名。

（5）中国十大名茶辨识。通过观察10种中国名茶茶样和聆听讲解，能够准确辨识十大名茶，说出其品名及其外形、汤色、滋味、香气等特征。选择一款喜欢的中国名茶，体验茶韵香囊的制作。

（6）乌龙茶冲泡技艺。通过观看教师示范，现场实操训练，掌握一款乌龙茶冲泡程序和技艺，感受茶道精神，弘扬中华传统文化。

4.教学设计（表5-4）

表5-4　职业体验开放日——《茶艺》职业体验教学设计

| 预计时间 | 教学内容 | 教学活动 | 教学资源 |
|---|---|---|---|
| 5分钟 | 任务引入、研讨 | 教师引导、学员讨论 | PPT |
| 10分钟 | 茶叶成分及其特性 | 教师讲解 | PPT |
| 10分钟 | 茶叶基本分类方法 | 教师讲解 | PPT |
| 20分钟 | 根据20个茶样，准确识别其所属茶类，并描述该茶类和该茶品典型特点 | 教师指导，学员实践 | 20种已知茶样 |
| 20分钟 | 中国十大名茶辨识 | 教师示范，学员课堂识别 | 10种名茶茶样 |
| 10分钟 | 茶叶的加工技术与品质特征 | 教师讲解 | PPT |
| 15分钟 | 乌龙茶的冲泡 | 教师示范，讲解 | 乌龙茶茶叶、茶具 |
| 45分钟 | 乌龙茶冲泡实操训练 | 学员训练，教师辅导 | 乌龙茶茶叶、茶具 |

5.关键环节

（1）实操训练、动手体验、品尝制作等集"教、学、研"于一体。

（2）任务驱动、小组合作、探究学习、实践体验等研学方法灵活运用。

（3）区分不同体验对象的特点，满足不同层次人群需求。

6.学习成果

（1）小朋友：

做一回茶博士：较为完整流利地介绍茶叶种类，能够清楚地说出茶叶冲泡主要环节。

做一款茶韵香囊：选择一款适合的茶叶制作香囊并送给家长。

（2）家长：

做一次评茶师：准确辨别中国十大名茶并评价干茶等级。

做一名茶艺师：优雅熟练地为宾客冲泡一款乌龙茶。

对于多层次人群同时参加一个项目体验，课程开发与设计要以情景任务为驱动，提供一定程度的理论知识及相关职业知识导入，帮助学员更好地理解实操要求。以多种活动为载体，设定多层次体验目标及评价要求，区分不同层次实操技能，训练提高学员在特定职业环境下的反应能力与动手能力；通过成果展示与点评，使学员进一步了解和感受传统文化，提高职业素养，增强团队协作能力。

经过多年教学实践与项目建设，杭州职业技术学院的青少年职业体验项目积极引导青少年在各个项目的体验过程中切身体会职业所带来的乐趣，更深入地发掘自身的职业兴趣爱好，更好地认识职业教育。体验活动的开展不仅丰富了青少年的课余生活，拓展了他们的知识和视野，也在青少年心中播种下了职业梦想的种子。学校也在持续推进职业教育反哺基础教育的尝试中，慢慢形成了具有"杭职特色"的职业体验教学实施模式（图5-10）。

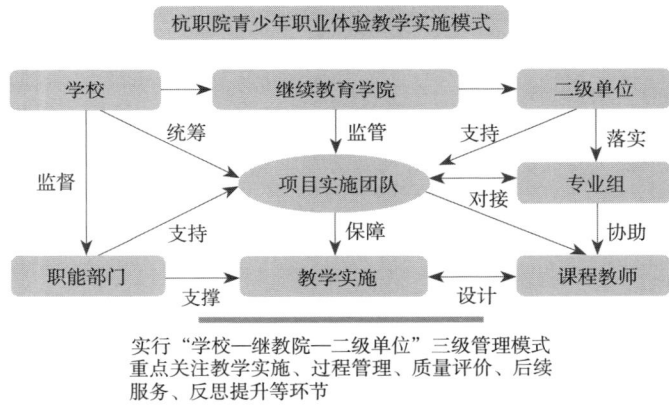

图5-10 学校青少年职业体验教学实施模式示意图

## 第四节　杭职院青少年职业体验教学实施的主要问题与优化思路

### 一、当前教学实施过程中存在的主要问题

#### （一）制度建设有待持续完善

目前，学校虽然制定出台了一系列推进青少年职业体验项目建设开展的相关制度与政策，但整体还未形成成熟的制度体系。关于项目质量控制等相关配套制度或办法有待进一步完善及补充。且现有政策实施时间较短，政策效果还有待进一步评估，后续还需要进一步优化。教师对项目激励制度及措施了解不够深入，对相关制度与措施认识还不够到位，参与的积极性和动力还需要进一步激发。

同时，要确保项目过程性监管高效执行，项目督查制度落实到位，全面掌握工作规范执行及落实情况，对项目开展、教学效果、学生满意度及体验效果进行实时跟踪，发现问题及时整改，力争做到精益求精。

#### （二）信息化管理水平有待持续提高

当前，学校青少年职业体验管理框架及管理体系已初步建成，但是管理手段较为传统，个别环节还停留在人工手动处理现象，信息化管理平台虽已初步建成，但包括管理模块功能有效性、内容信息流转及时性、核心数据全面性等管理平台功能亟待完善。项目管理人员信息化管理水平也需要进一步提高，项目整体信息化管理能力有待进一步加强。

要使项目"做大做优"，一定要做好信息化管理。不断提升自身的信息化管理水平，做好项目管理信息化建设，建成项目管理信息化应用系统，实现管理数

据信息化、管理细节信息化、环节流转信息化，借助信息化手段提升管理效能，有效解决各类管理问题。

（三）个性化后续服务有待加强

现阶段，学校项目建设重点还是放在实施过程管理及教学效果提升上，体验效果跟踪调查及后续支持服务环节较弱。重视体验前的咨询与辅导，对在我校参加过职业体验项目的青少年后续职业咨询及辅导服务较少，尚处于起步阶段。

要加强效果反馈及成效分析，不断拓展后续服务深度与广度，及时了解职业技能发展新动向，共享职业发展信息资讯，促进青少年培养长远的职业理想，树立创新创业意识，满足多样化、多层次的职业规划指导与服务需求，更好地服务技能人才培养，为区域经济发展贡献杭职力量。

## 二、教学实施优化提升思路

（一）完善制度建设，继续激发积极性

全力推进制度建设，将项目建设与日常工作紧密融合，以问题为导向，针对工作的难点、痛点和瓶颈等问题，加强建章立制，出台相关的政策和制度，从制度的层面破解难题，确保工作顺利推进。

进一步完善社会服务的激励政策和措施。研究修订相应的政策，给予参与社会服务教师在政策上的支持和鼓励，进一步扩大社会服务在计算工作业绩的比重和衡量评价范围，为参与青少年职业体验项目的人员提供必要的支持，为他们顺利履行社会服务职能创造条件。

（二）不断拓展项目平台建设，提升信息化管理水平

按照"边建设边示范"的工作理念，依托青少年职业体验项目建设的成效，同步推进青少年职业体验项目的示范引领作用，积极申报省市各类项目发展平台，在确保青少年职业体验项目建设的同时，扩大辐射面，提升服务水平，为后续不断提升项目建设层次打下坚实的基础。

坚持教育教学研究与应用性、开发性研究并重的原则，加强对青少年职业体验理论和实践问题的研究，加大青少年职业体验项目建设成效研究，为政府和相

关部门决策提供支持，提高决策的科学化水平。

同时，将社会服务信息化管理统筹纳入学校信息化建设工作，不断提升社会服务信息化管理水平，进一步减负增效，将更多的精力放到项目建设上来。

### （三）持续加大资源整合力度，强化后续指导服务

联合政府、行业、主流企业等社会各类优质资源，以青少年职业体验项目建设为抓手，共同推进青少年职业体验项目建设。克服疫情带来的冲击，积极转变观念，不断创新工作方式方法，紧紧围绕项目年度实施方案，整合校内外资源，紧扣杭州产业发展，倡导"职业教育反哺基础教育"，与中小学研学相结合，完善服务机制，开展职业规划咨询指导、职业启蒙和职业体验。强化后续指导服务，开展长期个性化指导，切实将职业体验项目成效落到实处。

依托青少年职业启蒙"杭州联盟"及职业启蒙基地建设，进一步加大资源整合力度，不局限于地区，可以从杭州市扩大至全省乃至全国，逐步建设全国青少年职业教育联盟，面向全国开展青少年职业启蒙和职业体验，为优化教育结构、提升职业教育质量贡献"职教智慧"。

# 第 六 章

# 杭职院青少年职业体验的实施经验、建议和展望

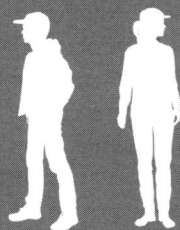

# 杭职院青少年职业体验的实施经验

　　杭州职业技术学院持续破解"青少年因缺乏职业认知和职业方向，导致对职业不感兴趣、没有作为"的难题，依托"校企共同体"办学体制机制优势和优质教学资源，联合政府、职业院校、行业、企业共建青少年职业启蒙"杭州联盟"，建设一批融职业启蒙、职业体验和职业规划指导于一体，聚焦城市特色产业和未来科技发展的优质职业体验教育基地和职业体验课程，完善服务机制，全面加强青少年职业启蒙和职业体验教育，大力推进职业规划咨询指导、职业启蒙和职业体验，为优化教育结构、提升教育质量贡献"职教智慧"。实施青少年职业体验的经验可以概括为四个方面。

## 一、注重顶层设计，完善相关制度

### （一）顶层设计规划到位

　　学校从顶端设计职业体验的"杭州模式"，把职业体验纳入学校整体规划，列入"双高计划"进程管理，制定年度和三年发展规划，同时量化年度任务，定期考察绩效，为职业体验的"杭州模式"发展指明了方向。联盟以学校为理事长单位，分管校长负责项目的整体运营和完善，协调校内各分院、部门资源，继续教育学院负责牵头各联盟单位、落实各项具体事务。

### （二）运行制度完备

　　全力推进项目建设，将项目建设与日常工作紧密融合，以问题为导向，针对工作的难点、痛点和瓶颈等问题，建章立制，出台相关的政策和制度，从制度的层面破解难题，确保工作顺利推进。项目从体制机制建设着手，制定《职业体验"杭州联盟"章程》《职业生涯规划与发展中心运行制度》《青少年职业启蒙教育基地运行管理办法》等规章制度，促进职业体验项目制度化、规范化、系统化。同时，还进一步完善社会服务的激励政策和措施，给予参与社会服务教师在政策上的支持和鼓励，进一步扩大社会服务在计算工作业绩的比重和衡量评价范围，为参与社会服务的人员提供经费、基础设施、信息方面的支持，为他们顺利开展社会服务创造条件。

## 二、公益为导向，加强内外部资源整合

学校和杭州联盟、基地坚持公益性原则，所有项目核算各类成本，对不产生硬性耗材的项目公益免费，产生耗材的项目按项目运行最低标准核算成本。项目开展坚持继承优良传统，彰显时代特征，倡导通过诚实劳动创造美好生活、实现人生梦想。加强学校教育与社会生活、生产实践的直接联系，引导学生以动手实践为主要方式，在认识世界的基础上，获得有积极意义的价值体验，学会建设世界，塑造自己，实现树德、增智、强体、育美的目的。

杭州联盟与体验基地成员在各行业均有涉及，各行业企业优势互补，在杭职院牵头下整合特色资源服务青少年职业启蒙。杭州联盟成员涵盖先进制造业、文化创业产业、职业高中、技师学院、医疗服务等杭州重点发展特色行业。各学校、行业、企业根据各自行业、企业特色，发挥学校专业教师与企业工匠资源，组织杭州联盟和基地成员共同开发各自学校、企业、行业特点的职业体验课程，在充分研讨的基础上制定课程开发标准，统一课程模板，课程设计贴近生活、趣味性、体验性、操作性融为一体。

此外，职业体验的顺利开展也得益于各个环节的工作协同推进。学校、联盟成员及基地成员共同开展工作，形成合力，多渠道引入资源参与青少年职业体验教育，细化落实职业体验课程、心理辅导、联盟活动等。青少年职业体验活动开展过程中涉及项目设计、课程开发、活动组织、教学实施、场地交通、后勤保障等各环节，各项事务的协商落实，需要大家协同合作，学校、教师、学生、家长多方资源形成合力。通过各项工作的细化落实，确保项目按预定计划顺利开展，达到预定的教学目标。

### 三、抓住课程和师资两大核心，保障职业体验质量

课程方面，学校在"校企共同体"体制机制及"校企合作、工学结合"教育教学理念支撑下，充分利用专业校企联动平台，面向社会全面开放专业优质教学实训资源，不断深化专业内涵建设，创新并提升职业教育反哺基础教育能力，开设了集职业辅导、实践体验、能力训练三位一体的青少年职业体验系列课程，逐步建立了职业体验类、科学探索类、文化艺术类、生活技能类等一系列的高职教育反哺基础教育的课程体系，提供了融专业性、科学性、多样性于一体的职业体验活动，构建了较为完整的职业教育反哺基础教育的课程体系。形成了能力递进、螺旋上升的职业能力渐进培养的新模式。

师资方面，学校大力鼓励广大有意愿、有能力的一线教师及专家积极参与到青少年职业体验项目建设中。以服务青少年职业发展规划与发展为宗旨，聘请职业生涯规划、职业心理研究、职业教育研究等领域的专家来校定期举办青少年职业体验专题师资培训，不断提升项目教师的教学水平和教育能力。在项目实施过程中，组织教师观摩授课，定期举办专题教学研讨会，商讨教学标准，交流教学经验，取长补短，共同进步。

同时，充分发挥学院专业课教师、实习实训指导教师、企业专业技术人员、技能大师等人员的专业及技能优势，大力推进职业生涯规划咨询与指导，开展从职业启蒙、职业体验、职业规划、职业劳动、职业技能培训、职业指导等全链条、全方位、多元化的职业生涯规划与指导服务。

### 四、以信息化为重要抓手，不断拓宽项目平台

学校坚定贯彻省市委数字化改革精神，以数字赋能和信息化建设为抓手，联盟发展紧贴"数智杭职"建设，克服疫情带来的冲击，积极转变观念，不断创新工作方式方法，利用信息化手段创新启蒙和体验服务，不断开发数字化资源。一方面，实现职业素养中心、720°校园、友嘉机床博物馆等线上参观。电梯文化数字博物馆和时尚女装数字博物馆以3D建模技术构建博物馆场景，辅以360°全景和时空穿越素材，共同构建虚实结合的逼真场景，体现专业特色。3D模型操控、"人见人"社交等更丰富的交互功能，创造更生动的视觉和漫游体验，并实现内容的无限扩充，充分展示了线上博物馆"全景展、立体展、深度展"特色。另一

方面，同步启动职业联盟公众号和网页的设计，目前整体架构设计完毕，系统开发有序进行。

　　另外，按照"边建设边示范"的工作理念，依托项目建设的成效，同步推进项目的示范引领作用，积极申报省市各类项目，不断完善平台建设，在确保项目建设的同时，扩大辐射面，提升项目服务水平，更为后续工作的开展，打下坚实的基础。学校坚持教育教学研究与应用性、开发性研究并重的原则，重视社会服务项目成效研究，加强对青少年职业体验理论和实践问题的研究，为政府和相关部门决策提供支持，提高决策的科学化水平。

## 第二节 高职院校青少年职业体验教育的建议

随着新时代劳动教育和职业启蒙教育的发展，职业体验已经成为新时期教育改革与发展的一项重要内容。高职院校应抓住当前机遇，充分发掘自身优势，突破校园边界面向中小学积极开展青少年职业体验，不断探索青少年职业体验实施的有效路径。

### 一、制度先行：建立系统完整的制度保障体系

"制之有衡，行之有度""没有规矩，不成方圆"，高职院校能否有序开展青少年职业体验，制度是基石和保障。高职院校开展青少年职业体验离不开系统完备、科学规范、运行有效的制度体系。

（一）要健全政策体系，强化制度保障

从国家到地方应出台各项政策法规对中小学职业体验活动予以制度上的规定，让高职院校开展青少年职业体验有"制"可依，明确高职院校开展青少年职业体验的目标、内容及需要承担的责任与义务等。各级教育行政部门要加强对高职院校开展青少年职业体验的领导，将推动高职院校开展青少年职业体验作为职业教育内涵发展的一项重要工作。建立健全相关工作制度，安排专项支持经费，确保高职院校开展青少年职业体验的师资、经费、课程、场地、设施等落实到位。

（二）要健全实施机制，明确各方责任

高职院校能否有序开展青少年职业体验，取决于在制度设计上是否变零散的

学校实践为制度化的有序实施。这就需要健全高职院校开展青少年职业体验的实施机制，明确相关各方责任。首先，政府要发挥指导和统筹管理作用，组建职业体验教育专家指导组，对各地高职院校开展青少年职业体验进行针对性指导，将高职院校青少年职业体验开展情况列入教育督导检查的重要内容，对职业体验做得好的地区和学校要及时总结经验并予以宣传推广和表彰奖励。其次，高职院校和中小学要建立合作协调机制，着力寻找双方共同合作的契合点，牢固合作共赢的信念，共同应对开展职业体验过程中的重重障碍。高职院校应积极寻求合作，主动承担开发职业体验教育资源的责任，为职业体验的开展尽可能地创设更好的条件；中小学要明晰职业体验的价值，与高职院校形成长期的合作伙伴关系。

## 二、提高认知：强化高职院校、家长、学生对青少年职业体验的认识

思考是行动的种子，提高认知是第一步。面对高职院校开展青少年职业体验的认知困境，迫切需要积极引导社会认知，增强高职院校、家长、学生乃至整个社会对青少年职业体验的认识。

### （一）增强高职院校的重视意识，提高开展青少年职业体验的积极性

高职开展青少年职业体验，是新时代高职院校发挥社会服务功能，提高社会地位与影响力的一条创新路径。高职院校应该认识到开展青少年职业体验重要性，积极主动地在开展青少年职业体验过程中发挥重要作用。高职院校要高度重视，将开展青少年职业体验纳入整体学校工作计划，建立良性循环机制和长效机制，确保有落实、有效果。各级教育部门要把展青少年职业体验的情况，作为衡量高职院校社会服务能力的重要指标，从而引起高职院校的重视。

### （二）纠正家长学生的认知偏差，提高参加青少年职业体验的主动性

纠正家长的认知偏差是当下开展青少年职业体验亟待解决的首要问题。要让家长和学生真正重视职业体验，首先，需要让其认识到职业体验的重要意义。职业体验既可以让学生学习必要的职业知识和技能，又可以通过职业体验帮助学生形成良好的思想道德，树立正确的职业观、劳动观和人生观。促进学生全面发展和健康成长。其次，需要中小学校与家长搭建有效的家校联系和沟通桥梁，提升

家长的教育理念，引导家长树立正确的职业观念，让家长主动带孩子参加青少年职业体验。最后，还需要深入推进教育评价改革，重视学生的职业体验，进行写实性、过程性评价，将其纳入综合素质发展档案。

（三）加大政府的宣传推广力度，提高青少年职业体验政策的知晓度

青少年职业体验要想得到社会的广泛认同，不仅需要高职院校的努力，家长学生的积极参与，还需要政府的宣传推广。政府要加大对职业教育文化和内在魅力以及职业体验相关政策的宣传力度，把青少年职业体验的现实意义和深远意义，宣传到城乡每个角落，深入人心，让各级政府有关部门和广大群众真正了解青少年职业体验，关心重视支持青少年职业体验，形成良好舆论氛围。通过报纸、广播、电视、网络和宣传牌及广告等形式，大力宣传高职院校开展青少年职业体验的成果，用事实和优秀案例说话，一方面推广经验，扩大引领带动作用；另一方面吸引更多的中小学生到高职院校参加职业体验。此外，政府要增强对宣传报道和广告宣传的资金投入，强化经费政策保障。

## 三、研究引领：夯实青少年职业体验的理论研究基础

理论研究对高职院校开展青少年职业体验具有重要的支撑、驱动和引领作用，是高职院校开展青少年职业体验的重要依据。"只有理论的清醒，才有行动的自觉"。理论研究的现实意义体现在对现象之上的规律性知识和科学理论进行提炼，有助于更好地指导高职院校开展青少年职业体验实践。因此，如何积极推进理论研究，深入回答理论和实际问题，以理论创新带动实践创新，是当前我们做好理论研究工作的重中之重。

（一）扩大研究规模

在全国教育科学规划、教育部人文社会科学研究项目中支持青少年职业体验研究。地方教育行政部门鼓励和支持相关机构设立青少年职业体验研究项目。高职院校要组织开展专题教研、区域教研、网络教研，通过协同创新、校际联动、区域推进，提高青少年职业体验整体实施水平。学界要重视青少年职业体验研究，产出越来越多高质量研究成果，促进青少年职业体验实现跃升。

## （二）加强研究深度

一方面，要深化理论研究，构建适合我国国情的青少年职业体验理论体系，从青少年职业体验的理念、内涵、师资、课程、资源共建共享等多方面形成完整的理论框架。另一方面，必须扎根教育实践，加强实证研究调查，切实把握高职院校开展青少年职业体验难以推进的阻滞因素，有针对性地提出对策建议，推进高职院校开展青少年职业体验，同时也要注重总结高职院校开展青少年职业体验的实践经验，把实践上升到理论高度，切实遵循将实践上升到理论，再用理论去指导实践的方针。

## （三）拓宽研究视角

研究视角是指某类学科研究人员共同接受和认同的一系列"假设（Assumption）、概念（Concept）、价值目标（Value）和实现方式（Practice）"❶，决定了研究"广度"和"高度"。任何一个领域理论研究工作的开展，都必须借助于多元化、层次化的研究视角，才能推进研究的全面性、客观性。因此，我们应当拓宽理论视野，拓宽青少年职业体验的研究视角，从更为广阔的空间来思考，这样才能使我们在学理上更为充分地理解青少年职业体验。

## （四）丰富研究方法

研究方法的科学化和多元化是推动青少年职业体验理论体系构建的重要环节。青少年职业体验是一个非常复杂的活动，需要从不同角度来进行研究，也需要使用不同的方法。青少年职业体验研究应突破研究方法单一的桎梏，既可以采用思辨研究，也可以采用实证研究；既可以采用质化研究，也可以采用量化研究，还可以采用混合的研究方法。

## 四、实践创新：有效提升高职院校开展青少年职业体验的能力

在困境中寻求突破与发展是高职院校当前第一要务。高职院校应该正视自身存在的问题，抓住开展青少年职业体验的机遇，牢固贯彻全国教育大会和《国家

---

❶ Merchant, K. Paradigms in accounting research: A view from North America [J]. *Management Accounting Research*, 2010（2）: 116–120.

职业教育改革实施方案》和《中华人民共和国职业教育法》精神，有效提升开展青少年职业体验的能力。

（一）加强职业体验中心建设

职业体验中心是对我国现有教育平台职业理念的渗透和职教功能的拓展，具有使中小学生体验社会职业、提早培养社会适应能力的全新教育功能。❶各地高职院校应根据自身专业特色和优势，对接地方支柱产业、特色产业，制定职业体验中心建设方案，明确职业体验中心的定位，加快推进职业体验中心建设。高职院校在建设职业体验中心时，可以联合中小学和行业企业共同建造一批师资充足、课程完备、体系健全、运营良好的职业体验中心，将科普、生活、学习、娱乐融为一体，将职业文化、产业文化、传统文化融为一体，既面向中小学生开展职业体验，也适于本校学生进行各种专业角色体验、职业资格鉴定前体验以及就业前企业真实环境体验，还可以为农民工就业、下岗职工再就业提供岗前体验，不断拓展体验功能，促进高职教育资源的充分共享，实现社会效益最大化。此外，高职院校要发挥优势、突出特色、打造品牌，突破"职业院校有什么、职业体验中心设什么"的思维方式，形成独具特色的竞争优势。

（二）优化职业体验活动设计

高职院校要突出主题并衔接好学期之间、学年之间、学段之间的活动内容，充分考虑小学、初中、高中不同阶段学生的差异和体验需求，构建科学合理的活动主题序列，增强学生的有效体验感。小学阶段的职业体验应侧重于职业感知。主要开展与日常生活紧密相关的职业了解活动，让学生通过观察、模仿、游戏体验等形式，发现并了解自身的兴趣爱好，感受学习乐趣，增强学习自信心，引导学生形成基本的职业自我认识，初步培育职业兴趣，养成良好习惯。初中阶段的职业体验应侧重于职业认知。主要开展丰富多元的职业探索活动，让学生尽可能接触并体验多种职业，拓展学生对社会分工、职业角色的体验与认识，形成平等开放的职业观，初步培养学生的职业内涵认知、职业情境认知、职业价值认知，促进学生拓展职业自我认识，学会自我调控和分工合作，具备一定的职业素养和

---

❶ 曲正波.中职学校职业体验中心建设的实践与探索［J］.职业，2019（18）：124-125.

实践能力，进一步明确职业意向。高中阶段的职业体验应侧重于职业生涯规划。主要开展适合学生发展的生涯教育活动，让学生正确认识专业、职业、个人、社会之间的关系，了解经济社会发展趋势和不同职业的专业素养要求，深化学生的职业自我认识，增强学生的社会意识和参与能力，培养学生职业规划、生涯决策和自我管理能力。

（三）健全职业体验课程体系

课程是高职院校开展青少年职业体验的重要载体，也是高职院校青少年职业体验特色形成的载体。高职院校立足学校专业特色，与中小学劳动与技术、综合实践活动、研究性学习、生涯规划教育、特殊需要学生个别化教育等课程有机结合，按照小学、初中、高中等学段进行系统化建设符合中小学生兴趣的职业体验课程。从而使学生完成系统的职业体验课程的过程中，对各种具体职业形成一定的自我认知以及了解不同职业的工作流程等，逐步挖掘自己的潜力、发现自己的特长，进而培养职业兴趣，真正理解"三百六十行，行行出状元""条条大路通罗马"的内涵，形成正确的劳动观，养成热爱劳动的品德。此外，高职院校也要重视青少年职业体验教材的开发，打造精品教材，切实提高教材建设水平。

（四）强化职业体验师资队伍建设

打造一支高水平职业体验师资队伍是高职院校有效开展青少年职业体验的第一资源。首先，要加强职业体验师资队伍制度建设。制度是强化职业体验师资队伍建设的根本保障。完善教师开展青少年职业体验的管理、考核、激励、保障等制度，推进教师开展青少年职业体验的自觉化、常态化、有效化。其次，要组建一支素质优良、结构合理、专兼结合、特色鲜明、相对稳定的职业体验教师队伍。再次，要提升职业体验教师的能力。高职院校要组织开展职业体验教师能力提升培训，一方面提高其对职业体验专业知识的把握和运用能力，另一方面充分挖掘其在青少年职业体验教育方面的专业潜能和教育教学的适应能力。最后，高职院校要成立专门的教研组织对教育教学过程中的问题进行研究指导，分析原因并找出解决的方法，努力帮助教师提高职业体验的教育教学能力。

## 第三节 杭职院青少年职业体验的展望

杭州职业技术学院是有责任、有担当的"双高"院校，一直致力于开展融趣味性、操作性、职业性于一体的职业教育反哺基础教育体系。职业体验课程设计以学校的优势专业为基础，依托校企共同体的体制机制优势，结合"杭州联盟"成员优质资源，融入工作实景，充分考虑体验对象的知识水平与心理特点，通过塑造职业角色、动手操作、成果展示、情景体验等环节，将职业教育理念融入基础教育，引导青年少年从小培养职业兴趣、树立安全观念、启发职业想象、感受职业文化、激发创新精神，为培养并塑造未来的优秀建设者奠定基础。为了将职业体验教育不断深化、持续推进，学校将在以下五个方面持续发力。

### 一、成立全国青少年职业体验基地

联合中职学校、特色企业、校企合作企业、博物馆、相关机构等各类优质特色资源，签署联盟成员合作协议，成立全国职业体验基地联盟，以杭州职业技术学院为平台中心，不断吸纳全国各类优质资源，发挥矩阵规模效应，辐射到全国。

整合专业、非遗资源库等国家级专业资源库项目，纳入职业体验的课程体系，让学生在职业体验的基础上，可以结合自己的兴趣，进一步在网络资源库中进行更深入的学习，将基地建设成为集体验、学习为一体的综合性、全方位体验共享平台，成为全国青少年职业体验的典范。

### 二、开发中小学研学项目

深度挖掘联盟成员的各类资源，开发中小学研学项目。依托现有的中国航天科技集团、浙江机电集团、浙江职教联盟、浙江工匠学院、主题博物馆以及国外的优质特色项目，开发国内外研学线路和项目，组织中小学生开展暑期夏令营、寒假冬令营等活动，开阔青少年国际化视野，培养独立创新品质，以成为全国青少年研学主流机构。

## 三、开发职业倾向测试

在职业体验的基础上，以评估个人兴趣、性格、气质等特征为核心，开发青少年职业倾向测试咨询平台。联合在杭高校优质教育资源，建成集职业规划师、职业生涯教练、心理咨询师为主的专兼结合的职业生涯规划咨询专家队伍。开展社会心理、国学智慧、经济财商、创新创业、入学入职、学业规划、礼仪沟通、自我认知、社会认知、职业安全等专题的职业生涯辅导。开展职业倾向测试，并提供个性化的线上线下、一对一职业倾向测试、职业规划辅导、中高考志愿填报指导等服务，帮助青少年科学规划职业生涯。

## 四、建立标准，开展专业培训及理论研究

依托基地强大的资源以及自2014年开展职业教育反哺基础教育工作的经验，联合基地成员，共同开发职业教育反哺基础教育标准，形成具有基地特色的运作模式，辐射全国相关基地和机构。以基地标准为依托，开展相关人员的专业培训，帮助全国各类基地、营地、机构等更规范、更专业地开展工作，成为全国同类基地的专业人员培训中心。

积极开展职业教育反哺基础教育的理论研究，进一步归纳、整理、总结、提升基地建设理论水平，为全国同行更好地开展工作提供实践经验。

## 五、融入区域发展，传播工匠文化

注重职业素养融入与传授，传播工匠文化。让青少年在职业体验同时，深刻领悟工匠精神、磨炼意志、陶冶情操，培养创新能力。

坚持职业教育反哺基础教育。以区域为基础，以产业为核心，以效率为目标。通过和区域产业相结合的思路，加强"产业融合、校企合作"联动载体建设，整合相关资源，共同致力于推动"区域发展为先导、职业教育为基础"的青少年职业教育综合实践平台，为杭州市、浙江省乃至全国青少年儿童提供优质的

职业体验资源。组建专业团队，聘请相关专业人士，注重专业性、科学性、权威性，力争打造一个集综合实践、职业教育、健康管理、成长服务、活动开展、专业咨询为一体的职业体验品牌。同时积极探索职业教育反哺基础教育示范经验，共同研发青少年儿童职业教育综合实践能力体训模式，打造属于杭州职业技术学院自己的"职业教育反哺基础教育"全国模式。

# 附录1

## "杭州联盟"的青少年职业体验课程一览表

| 序号 | 课程名称 | 序号 | 课程名称 | 序号 | 课程名称 | 序号 | 课程名称 |
|---|---|---|---|---|---|---|---|
| 1 | 摄影 | 16 | 3D打印技术 | 31 | 口服液诞生记 | 46 | 学习VR编辑器 |
| 2 | 网络搭建 | 17 | 巧手做青团 | 32 | 手账的制作 | 47 | 制作海底场景 |
| 3 | 平面设计 | 18 | 创意船点制作 | 33 | 古线装笔记本制作 | 48 | 设计VR游戏 |
| 4 | 水果塔的制作 | 19 | 极速点钞 | 34 | 非遗传承小达人——木版水印衍生品制作技艺 | 49 | 木版水印 |
| 5 | 造型饼干制作 | 20 | 模拟古玩艺术品拍卖 | 35 | 制作仿古信笺 | 50 | 花样绑鞋带 |
| 6 | 创客空间 | 21 | 制作网线 | 36 | 制作年历 | 51 | 生命卫士——急救包扎 |
| 7 | 汽车奥秘 | 22 | DIY丝巾搭配与造型 | 37 | 包装结构小玩家 | 52 | 创意乐高零件制作 |
| 8 | 工具制造 | 23 | 制作中国传统服饰盘扣 | 38 | 积木人包装盒制作 | 53 | 家庭花卉养护 |
| 9 | 超轻黏土 | 24 | 小小花艺师 | 39 | 一起包包子 | 54 | 胸花制作 |
| 10 | 企业经营 | 25 | 制作艺术花盒 | 40 | 戚风蛋糕的制作 | 55 | 戒指的制作 |
| 11 | 香囊制作 | 26 | 反假币小能手 | 41 | 一起包饺子 | 56 | 艺术插花制作 |
| 12 | 胸针制作 | 27 | 古老的算盘 | 42 | 卡通玩具设计 | 57 | 不一样的DIY——发饰制作 |
| 13 | 草坪"理发师" | 28 | 移液枪作"画" | 43 | 小小建筑师 | 58 | 3D房屋拼搭 |
| 14 | 数控木雕 | 29 | DIY天然薄荷膏 | 44 | 陶瓷的保养 | 59 | 理财小达人 |
| 15 | 亲手做盆栽 | 30 | 快乐街舞啦啦操 | 45 | 干花粘贴 | 60 | 小小烹调师 |

续表

| 序号 | 课程名称 | 序号 | 课程名称 | 序号 | 课程名称 | 序号 | 课程名称 |
|---|---|---|---|---|---|---|---|
| 61 | 海报制作 | 77 | 我是外语小主播 | 93 | 小小茶艺师 | 109 | 逃脱迷宫 |
| 62 | 快乐太极拳 | 78 | 震动报警器制作 | 94 | 高桥绒绣 | 110 | 带你游世界 |
| 63 | 仕女扇绣——古典女红 | 79 | 小小收纳专家 | 95 | 红外激光报警器制作DIY | 111 | "读行"万里路 |
| 64 | 吃货相框——食物造型 | 80 | 创意香皂师 | 96 | 设计邮票和纪念封 | 112 | 西方习俗初窥 |
| 65 | 相框的制作 | 81 | 海洋香薰瓶DIY | 97 | 3D建模王 | 113 | 道说胡同文化 |
| 66 | 小小化学家 | 82 | DIY创意泥捏塑 | 98 | 超有趣滑雪大会 | 114 | 中国古代文化 |
| 67 | 争做安全小卫士 | 83 | 小小银行家 | 99 | 小小歌唱家 | 115 | 你不知道的小吃文化 |
| 68 | 新闻小主播 | 84 | 制作遮阳镜 | 100 | 少儿爵士舞 | 116 | 小企业家养成记 |
| 69 | 首饰创意DIY | 85 | 木工制作——榫卯技艺"鲁班锁" | 101 | 平衡车初体验 | 117 | 小小程序员 |
| 70 | LED指尖陀螺制作 | 86 | 电子相册制作 | 102 | 开家寿司店 | 118 | 做自己的微电影 |
| 71 | 星空棒棒糖制作 | 87 | 花样餐巾制作 | 103 | 一起做千纸鹤 | 119 | 创意设计PPT |
| 72 | 电工小作坊 | 88 | 涂鸦环保袋 | 104 | 我是小警察 | 120 | 服装设计师 |
| 73 | DIY瓷砖设计 | 89 | 小小模特秀 | 105 | 小小助产师 | 121 | 今天我当家 |
| 74 | 剪出中国美 | 90 | 小小毕加索 | 106 | 天才演说家 | 122 | 抹茶蛋糕的制作 |
| 75 | LED字幕显示屏制作 | 91 | T恤印刷 | 107 | 勇敢攀岩者 | 123 | 军事技能演练 |
| 76 | 小小动画配音师 | 92 | 木偶涂色 | 108 | 地震体验馆 | 124 | 生涯规划 |

续表

| 序号 | 课程名称 | 序号 | 课程名称 | 序号 | 课程名称 | 序号 | 课程名称 |
|------|----------|------|----------|------|----------|------|----------|
| 125 | 我的毕业典礼我设计 | 139 | 手工盘扣师 | 153 | 水上总动员 | 167 | 凉鞋的制作 |
| 126 | 手工巧克力 | 140 | 小小售货员 | 154 | 消防逃生体验（VR） | 168 | 体验造物奇迹 |
| 127 | 奶油蛋糕的制作 | 141 | 探秘矿石世界 | 155 | "玩转"钞票 | 169 | 汽车模型艺术喷绘 |
| 128 | 咖啡师养成记 | 142 | 神算子秘籍 | 156 | 小小测量员 | 170 | 神奇的穴位 |
| 129 | 形象设计（美容美发美甲） | 143 | 数控工程师 | 157 | 乐高城市建筑师 | 171 | 电子创意雕刻制作 |
| 130 | 让我们一起遨游——空乘服务体验 | 144 | 我会照顾小宝宝 | 158 | 室内设计大比拼 | 172 | 小小园艺师——DIY精致小盆栽 |
| 131 | 珠宝加工设计 | 145 | 常用急救技术——包扎术 | 159 | 急救小达人 | 173 | 稻谷变大米 |
| 132 | 小小消防员 | 146 | 汽车保养小能手 | 160 | 巧手生花——钩针编织体验 | 174 | 现代"小农夫"——农产品土法深加工 |
| 133 | 健身指导 | 147 | 人工智能工程师——小小翻译官 | 161 | DIY瓷砖贴面 | 175 | 我是小小养殖员 |
| 134 | 窗帘的设计 | 148 | 我是全能"小司机" | 162 | 创意DIY手机壳 | 176 | 摄影技术与电子相册制作 |
| 135 | 小小扎染师 | 149 | 耳钉的制作 | 163 | 绿色模型爱好者 | 177 | 设计制作个性化电子作品 |
| 136 | 传承绒绣艺术 | 150 | 小小3D设计师 | 164 | 小小电子工程师 | 178 | 智能大脑——走进单片机的世界 |
| 137 | 漆彩工艺师 | 151 | "乐陶苑"乐无限 | 165 | 机器人小创客 | 179 | 眼镜片的奥秘 |
| 138 | 木版水印工艺师 | 152 | 汽车种类——"汽车总动员" | 166 | 创意漫画家 | 180 | 指点江山，领略神州风采——飞行器制作及观摩体验 |

| 序号 | 课程名称 | 序号 | 课程名称 | 序号 | 课程名称 | 序号 | 课程名称 |
|------|---------|------|---------|------|---------|------|---------|
| 181 | 小小药剂师 | 194 | 干花的制作 | 207 | 巧克力蛋糕制作 | 220 | 模具拆装 |
| 182 | 中药养生茶 | 195 | 蛟龙潜底，天堑为开——质构工程互动体验 | 208 | 小玩具制作 | 221 | 产品创意设计与3D打印 |
| 183 | 3D打印与制药设备 | 196 | 盆心倚立，秀丽家居——绿植盆栽种植体验 | 209 | 时尚手工包的设计与制作 | 222 | 装修前线——新材料，新工艺 |
| 184 | "甜蜜梦想"时尚婚纱礼服造型设计 | 197 | 天宫小匠，巧手置景——中国传统艺术吊坠制作 | 210 | 国家象棋的数控加工 | 223 | 彩泥制作 |
| 185 | CG动漫绘画 | 198 | 漆彩徽章DIY | 211 | 工业机器人体验课程 | 224 | 果树嫁接及营养液的配制 |
| 186 | 农药的使用 | 199 | 鲁班小木匠 | 212 | 爱美食我做厨 | 225 | 淘宝开店速成 |
| 187 | 小小平面设计师 | 200 | 发电机的制作 | 213 | 小游戏自己做——VB编程 | 226 | 小小砌筑工 |
| 188 | 指南针的制作 | 201 | 生态卫士 | 214 | 常见药剂制作 | 227 | 小小钢筋工 |
| 189 | 小小航拍师 | 202 | 急救常用技术 | 215 | 电工安全用电常识 | 228 | 创意礼服的花形缀饰 |
| 190 | 少年爱迪生 | 203 | 实用机构巧制作 | 216 | 彩铅画 | 229 | 广告设计与制作 |
| 191 | 幻彩魔都——创意绘画 | 204 | 常见养生膏方 | 217 | 电子工程创客 | 230 | 纸艺 |
| 192 | 衍纸胸针 | 205 | 指上花开——纸艺花制作 | 218 | 我爱炸鸡我能制作 | 231 | 金算盘打起来 |
| 193 | 时装粘布画 | 206 | 趣味电子产品制作 | 219 | "宝贝悦读家"绘本资源包 | 232 | 非遗"粉塑"技艺 |

续表

| 序号 | 课程名称 | 序号 | 课程名称 | 序号 | 课程名称 | 序号 | 课程名称 |
|---|---|---|---|---|---|---|---|
| 233 | 非遗"精武拳技" | 249 | 网页制作基础 | 265 | 物联网理论 | 281 | 垃圾的"乐事"——垃圾回收 |
| 234 | 暖棚农艺技术 | 250 | 轻松学PS | 266 | 法国文化与艺术鉴赏 | 282 | 海洋贝艺画 |
| 235 | 简笔画手工 | 251 | 我是演说家 | 267 | 微处理器的应用 | 283 | 小小邮递员 |
| 236 | 服装印花 | 252 | 我爱变魔术 | 268 | 休闲学概论 | 284 | 话剧表演家 |
| 237 | 小小眼科医生 | 253 | 魔方小能手 | 269 | 神奇的化学元素 | 285 | 图片信息的加工 |
| 238 | 我是小牙医 | 254 | 滑板小能手 | 270 | 显微镜下的世界 | 286 | 士兵突击——从草根到精英的蜕变训练 |
| 239 | 我是小小服务生 | 255 | 无敌"风火轮" | 271 | 我是"小辩手" | 287 | 珠心算小能手 |
| 240 | 我是小小作曲家 | 256 | 花样滑冰 | 272 | 戏曲文化的传承 | 288 | 旱地冰壶 |
| 241 | 吉他爱好者聚集地 | 257 | 短道速滑队 | 273 | 小小鼓手——架子鼓 | 289 | 挑战高尔夫 |
| 242 | 我是超级贝斯手 | 258 | 小小心理学家 | 274 | 跳水初体验 | 290 | 棒球团建 |
| 243 | 我爱西湖油纸伞 | 259 | 入殓师 | 275 | 我是小小主持人 | 291 | 竞走大师 |
| 244 | 中式旗袍的诞生 | 260 | 轮滑"王者"的诞生 | 276 | 我爱书法 | 292 | 伞翼滑翔 |
| 245 | 界面UI赏析 | 261 | 我是小律师 | 277 | 钢笔画 | 293 | 人生棋盘 |
| 246 | 金石篆刻 | 262 | 我是检察官 | 278 | 石头画 | 294 | 我是小教师 |
| 247 | 非物质文化遗产传习与经营概论 | 263 | 游泳"健将" | 279 | 阳光足球，快乐童年 | 295 | 情景剧表演 |
| 248 | 雕版印刷 | 264 | 信息分析与预测 | 280 | 水墨画 | 296 | 简单的十字绣 |

续表

| 序号 | 课程名称 | 序号 | 课程名称 | 序号 | 课程名称 | 序号 | 课程名称 |
|---|---|---|---|---|---|---|---|
| 297 | 无私奉献的小小志愿者 | 312 | 小小芭蕾舞蹈家 | 327 | 走进大诗人的世界 | 342 | 车挂的制作 |
| 298 | 我爱尤克里里 | 313 | 生存技巧 | 328 | 今天我是外卖员 | 343 | 贺卡的制作 |
| 299 | 我是小小天文学家 | 314 | 我爱写歌词 | 329 | 奥运吉祥物的制作 | 344 | 创意手链的制作 |
| 300 | 望远镜的制作 | 315 | 秦派二胡艺术教学与实践 | 330 | 多一片绿叶，多一份温馨——植树节 | 345 | 美甲甲片的制作 |
| 301 | 变废为宝 | 316 | 礼仪学习 | 331 | logo的设计 | 346 | 鞋子创意涂鸦 |
| 302 | 蛋挞的制作 | 317 | 瑜伽开课冥想 | 332 | 数据分析 | 347 | 创意风筝的制作 |
| 303 | 剧本编写 | 318 | 毛笔的制作 | 333 | 传感器与检测技术 | 348 | 图表的制作 |
| 304 | 一起过招吧——五子棋争霸赛 | 319 | 小小宇航员 | 334 | 电子工艺 | 349 | 排版学习课 |
| 305 | 葫芦丝韵 | 320 | 机械制图 | 335 | 运动控制技术 | 350 | 小小视频剪辑师 |
| 306 | 爱萨音乐俱乐部——萨克斯 | 321 | 电梯文化 | 336 | 工业机器人的维修 | 351 | 零件测绘 |
| 307 | 围棋争霸赛 | 322 | 国防教育 | 337 | 网红产品——芝士棒的制作 | 352 | 针织工艺的学习 |
| 308 | 制作毽子 | 323 | 英语影视欣赏 | 338 | html5的使用 | 353 | 横机基础工艺 |
| 309 | 数独爱好者聚集地 | 324 | 太阳系中的有趣科学 | 339 | 工业网络控制与组态 | 354 | 服装产品表达 |
| 310 | 版画制作 | 325 | 世界民族音乐文化 | 340 | 电梯结构与原理 | 355 | 沙盘游戏 |
| 311 | 花样跳绳挑战赛 | 326 | 工业机器人操作与编程 | 341 | 液压气压传动与控制 | 356 | 色彩的搭配 |

续表

| 序号 | 课程名称 | 序号 | 课程名称 | 序号 | 课程名称 | 序号 | 课程名称 |
|---|---|---|---|---|---|---|---|
| 357 | 服装材料的应用 | 371 | 儒家经典与智慧 | 385 | 时尚买手 | 399 | 康复护理 |
| 358 | 服装图案设计 | 372 | 食品质量监测 | 386 | 网店运作 | 400 | 实用口才 |
| 359 | 针织服装制板与工艺 | 373 | 食品加工原理 | 387 | 化妆技巧 | 401 | 软饮料工艺学 |
| 360 | 中国丝绸之路 | 374 | 糖果的加工 | 388 | 化妆品成分的选择 | 402 | 化工工程制图 |
| 361 | 服装网店运营与管理 | 375 | 食品调香技术 | 389 | 服装摄影 | 403 | 苹果挞的制作 |
| 362 | 美学原理 | 376 | 食品工厂设计 | 390 | 网店美工 | 404 | 蛋卷的制作 |
| 363 | 礼服立体剪裁 | 377 | 食品保藏综合实验 | 391 | 人体形态与机能的分析 | 405 | 泡芙的制作 |
| 364 | 服装生产工艺 | 378 | 多样的食品添加剂 | 392 | 健康评估分析 | 406 | 麻花的制作 |
| 365 | 歌舞电影鉴赏 | 379 | 跨文化交际 | 393 | 营养与膳食 | 407 | 虎皮蛋卷的制作 |
| 366 | 大国工匠 | 380 | 手绘pop广告 | 394 | 心理护理 | 408 | 蜂蜜蛋糕的制作 |
| 367 | 服装CAD | 381 | 传统文化鉴赏 | 395 | 传染病的预防 | 409 | 油画我最棒 |
| 368 | 心理案例分析 | 382 | 服装陈列 | 396 | 妇产科护理 | 410 | 丙烯画小天才 |
| 369 | 犯罪心理 | 383 | 微营销技巧 | 397 | 儿科护理 | 411 | 油画棒创意画 |
| 370 | 现代市场营销 | 384 | 服装消费者行为分析 | 398 | 常用急救技术——心肺复苏 | 412 | 一起来跳肚皮舞 |

| 序号 | 课程名称 | 序号 | 课程名称 | 序号 | 课程名称 | 序号 | 课程名称 |
|---|---|---|---|---|---|---|---|
| 413 | 扇子的制作 | 429 | 扭秧歌儿 | 445 | 高雅的网球运动 | 461 | 微生物学实验 |
| 414 | 无人机的使用 | 430 | 礼射 | 446 | 橄榄球初体验 | 462 | 食品营养学 |
| 415 | 一起来做钢琴工匠 | 431 | 毛线的制作 | 447 | 一起学国画 | 463 | 乳品工艺学 |
| 416 | 小小结构大师——住宅结构分析 | 432 | 一起来丰收 | 448 | 一起学古筝 | 464 | 现代烹饪学 |
| 417 | 钢琴音色的调试 | 433 | 小小刺绣，大大学问 | 449 | 音乐剧初体验 | 465 | 证券投资 |
| 418 | 琵琶启蒙 | 434 | 口哨艺术 | 450 | 少儿模特 | 466 | 策略管理 |
| 419 | 无处不在的细菌 | 435 | 爬树课 | 451 | 小语种 | 467 | 人力资源管理 |
| 420 | 给地球做体检 | 436 | 哈利波特与科学 | 452 | 托球跑 | 468 | Java入门 |
| 421 | 趣玩3s技术 | 437 | 小小大提琴演奏家 | 453 | 两人三足 | 469 | 财务案例分析 |
| 422 | 乐高机器人 | 438 | 乒乓球高手 | 454 | 一起来跳拉丁 | 470 | 数据库的搭建 |
| 423 | 高智尔球 | 439 | 我爱吹竹笛 | 455 | 短路的大脑 | 471 | 多样的寄生物 |
| 424 | 海派纸艺 | 440 | 国际桥牌 | 456 | 中国近代史的学习 | 472 | C语言的学习 |
| 425 | 空手道 | 441 | 帅气的击剑手 | 457 | 企业管理 | 473 | Linux入门 |
| 426 | 未来中国机长 | 442 | 手工木雕 | 458 | 概率论与数理统计 | 474 | Python入门 |
| 427 | 无人机入门和提高 | 443 | 创意沙画 | 459 | 生物化学实验 | 475 | CAD三维制图 |
| 428 | 一起来舞龙 | 444 | 未来工程师 | 460 | 食品工程原理 | 476 | 常用急救技术——骨折固定法 |

续表

| 序号 | 课程名称 | 序号 | 课程名称 | 序号 | 课程名称 | 序号 | 课程名称 |
|---|---|---|---|---|---|---|---|
| 477 | 常用急救技术——止血包扎法 | 483 | 沙包的制作 | 489 | 英语情景剧 | 495 | 葫芦文化 |
| 478 | 常用急救技术——海姆立克 | 484 | 水粉画 | 490 | 英语配音 | 496 | 英语故事会 |
| 479 | 披萨的制作 | 485 | 3D纸膜 | 491 | 动漫的制作 | 497 | 英语演讲 |
| 480 | 糖葫芦的制作 | 486 | 软陶 | 492 | 数字油画 | 498 | 皮影戏文化 |
| 481 | 糖人的制作 | 487 | 羊毛毡的制作 | 493 | 非洲鼓 | 499 | 我是故事大王 |
| 482 | 常用急救技术——人工呼吸 | 488 | 英语绘本的制作 | 494 | 童声合唱 | 500 | 口算小天才 |

## 附录2

# 杭州职业技术学院的青少年职业体验课程一览表（部分）

| 序号 | 课程名称 | 体验简介 |
|---|---|---|
| 1 | DIY个性化T恤绘制 | 通过课程学习，学生学习手绘服装图案的表现工艺；指导中小学生职业体验DIY个性化T恤绘制 |
| 2 | 芭比娃娃服饰制作 | 芭比娃娃服饰制作是一门以服装美学为理论基础，装饰设计为手段的职业能力体验项目课程。通过本次职业体验学习，使学生萌发对服装的兴趣，通过为芭比娃娃制作服饰，了解芭比娃娃的身体结构特征，掌握服装结构与人体的关系，并且能运用现有材料包裹住芭比娃娃的身体，给娃娃穿上"衣服" |
| 3 | 和风花发夹制作 | 1.多媒体展示、讲解<br>2.基础花瓣制作视频循环播放<br>3.教师现场演示及辅导<br>4.配两名学生助教协助辅导 |
| 4 | 花卉写生 | 通过课程学习，让学生了解中国传统的白描花卉知识；学习基础的花卉线描写生技法；熟悉铅笔、勾线笔等工具，掌握一定的线描技能；锻炼学生的画面构图和对原生态花卉的取舍、概括的能力；引导学生的审美视角，初步理解形式美的规律 |
| 5 | 巧手DIY——编织手链 | 通过课程学习，让学生学会手编技法，能编织一条手链 |
| 6 | 巧手DIY——钥匙包制作 | 通过课程学习，让学生学会钥匙包制作的技法，能制作钥匙包一个 |
| 7 | 小饰品图案绘制 | 通过课程学习，让学生了解图案设计的基础知识，学习基础的色彩搭配原理，能根据教师提供的物件白坯自己设计并绘制色彩图案；锻炼学生的动手实践能力，陶冶生活情操，培养热爱生活的情趣；引导学生的时尚感，培养创新思维、发散性思维能力 |
| 8 | 中国结手环制作 | 通过课程学习，让学生了解传统的中国结知识，学习基础的中国结技法，能根据教师提供的材料自己设计并编制一款手环；锻炼学生的动手实践能力，陶冶生活情操，培养热爱生活的情趣；培养学生的创新思维、发散思维能力 |
| 9 | 插花艺术 | 通过课程学习，向学生普及常见的花卉植物，让学生熟练使用花泥、花剪等插花用具，培养一定的插花空间构图概念 |
| 10 | 动漫面具制作 | 用丙烯颜料创作绘制面具 |

续表

| 序号 | 课程名称 | 体验简介 |
|------|----------|----------|
| 11 | 动漫黏土制作 | 通过课程学习，让学生了解黏土制作流程，完成动漫人物黏土制作，培养动漫人物设计能力。 |
| 12 | 动漫纸模制作 | 通过剪、折、粘等方式，用纸艺完成一个个立体动漫模型 |
| 13 | 多肉组合盆栽 | 了解多肉植物及其培养方式 |
| 14 | 急救在身边<br>——心肺复苏 | 通过培训，使学生能正确说出心肺复苏的操作流程，能正确说出心肺复苏按压比、按压深度、效果评价等，从而普及这一急救技术 |
| 15 | 噎食和烧伤的急救 | 通过培训，使学生能正确说出噎食和烧伤的操作流程及注意事项，从而普及急救技术 |
| 16 | 趣味贺卡制作 | 通过课程学习，培养学生的创意能力、动手能力；培养立体构成创意基础 |
| 17 | 鲜花压花 | 利用收集到的新鲜的独特的花瓣、叶片，经过压制，做成一个可供欣赏的压花作品 |
| 18 | 植物微景观 | 认识园艺植物、培养微景观设计理念 |
| 19 | DIY香水制作 | 通过课程学习，引导同学通过研究香水的分类、制作过程等，对香水产品有一定了解；培养同学们的创新能力，提高学生的动手能力和审美情趣，同时对日化产品制作产生兴趣，培养学生的科学观和职业意识；在自主实践和探究过程中，培养青少年的独立自主意识，同时增强团队合作意识 |
| 20 | 焙烤制作 | 通过课程学习，让学生了解焙烤原料和选择标准、焙烤设备及其使用方法；学习初级焙烤的配方以及制作的基本理论，掌握焙烤（饼干、蛋糕、酥）的制作过程 |
| 21 | 花草再生纸制作 | 花草纸是源于中国最古老的手工造纸法制出的纸张，即在纸浆上直接铺就花草，经自然晾干而成的纸张，有着纯天然的美丽压花图案，花草与纸融合为一，既有纸的妙用，又散发着花草香，呈现一种别样的画意<br>我们想通过纸张再生的方式呈现这一古老的造纸术。通过让学生亲身体验古法造纸，既能够感悟先人的智慧，又可以在再生纸的制作过程中，实践环保的理念，通过制作纸成品，加深对自然资源的再生与利用的认识，从小培养他们的环保意识 |
| 22 | 化学魔术变化体验项目 | 通过课程学习，引导同学通过化学物质的反应，由无色无味的物质相互接触转变为有色的文字和图案，让同学了解物质丰富多彩的变化之本质；培养同学们的观察能力，提高学员的动手能力和审美情趣，同时对化学产生兴趣，培养学员的科学观和职业意识；在自主实践和探究过程中，培养青少年的独立自主意识；在活动中进一步了解丰富多彩的物质世界，同时增强团队合作意识 |

| 序号 | 课程名称 | 体验简介 |
|------|----------|----------|
| 23 | 七彩水晶皂的制作 | 通过课程学习，引导同学通过研究皂的分类、生产过程等，对皂类产品有一个较全面的了解<br>培养同学们的创新能力，提高学员的动手能力和审美情趣，同时对日化产品制作产生兴趣，培养学员的科学观和职业意识；在自主实践和探究过程中，培养青少年的独立自主意识；在活动中进一步了解手工皂，同时增强团队合作意识 |
| 24 | 食品安全快速检测 | 通过课程学习，了解果蔬食品中主要的食品安全问题；了解农药对人身体的危害和摄入途径；学习农药残留的快速检测技术的方法；掌握检测过程 |
| 25 | 五彩缤纷的微生物世界 | 通过课程学习，了解微生物的大小，触发学生对微观世界探索的兴趣；让学生通过显微镜的"眼睛"去看到我们肉眼看不到的细小的微观世界，激发学生对显微镜的爱好 |
| 26 | 香囊制作 | 通过课程学习，了解香囊的历史意义以及文化习俗、香囊的用途以及它的药用功效；学习香囊的配方以及制作方法，掌握香囊的制作过程 |
| 27 | 熊大"治"水——化腐朽为神奇 | 通过对水污染的了解和对"治水"净化过程的参与，将有色、含悬浮物质但无味的受污染的水转变为无色干净的可再利用的水资源，教育学生关心、爱护、珍惜水资源。通过学生亲自参与水净化过程的实验探究，感受化学对生活、对社会的积极意义，增强学习化学的兴趣。进而激发学生自主学习的热情和探究欲。培养同学们的观察能力，提高学生的动手能力和审美情趣，培养青少年学生的科学观、职业意识和独立自主意识，同时增强团队合作意识。 |
| 28 | 自制暖宝宝 | 通过课程学习，引导同学通过化学物质间的反应，自己动手制作持续发热的暖宝宝，让同学了解放热反应变化之本质；培养同学们的观察能力，提高学生的动手能力，同时提升学生对化学兴趣，培养同学们科学发展观和职业能力；在自主实践和探究过程中，培养青少年的独立自主意识；在活动中进一步了解丰富多彩的化学世界；增强团队合作意识。 |
| 29 | 商务英语口语训练 | 培养学生对外商务沟通中的英语口头交际能力 |
| 30 | 歌唱技巧与表演 | 通过歌唱技能训练、理论学习、作品赏析、演唱实践等方式，从理论和实践两个维度去认识歌唱、理解歌唱，掌握科学的歌唱技能，提高歌唱表演能力，拓宽歌曲欣赏的角度和思路，陶冶艺术情操，提升公民职业素养 |
| 31 | 个人优势能力测试 | 通过心理测试，了解自我优势能力，培养积极自我，提高主观幸福感 |
| 32 | 有效沟通的方法和技巧 | 学会如何与他人沟通 |

| 序号 | 课程名称 | 体验简介 |
|---|---|---|
| 33 | 世界经典音乐鉴赏 | 通过对音乐的学习、感受、理解和审美体验，培养学生鉴赏音乐和评价音乐的能力，增进对音乐艺术的热爱，树立正确的审美观念，拓展其音乐文化的视野，陶冶情操，提高修养，使其成为有较高人文素质的技术型、应用型人才 |
| 34 | 舞蹈形体培训 | 通过舒展优美的舞蹈基础练习（主要为芭蕾基础训练），结合身韵、民间和各个民族的舞蹈进行综合训练，可塑造人们优美的体态，培养高雅的气质，纠正生活中不良的姿态 |
| 35 | 乒乓球、羽毛球、网球培训 | 通过基础练习，结合球类综合训练，提高学生球类技能 |
| 36 | 无纺布卡包制作 | 通过课程学习，了解无纺布（无纺布）不织布的概念；介绍无纺布绣法的各种技巧让学生了解无纺布，学会不织布手工制作的基本方法；锻炼学生的动手实践能力，体会劳动带来的快乐；培养学生的创新思维、发散思维能力，在交流与碰撞中学会创造；陶冶生活情操、培养热爱生活的情趣；激发学生学习兴趣和探索生活的欲望，进一步培养环保欲望 |
| 37 | 激光切割机制作工艺品 | 了解激光切割机的构造、原理、基本操作技巧 |
| 38 | 无人机飞行体验 | 了解无人机的构造、原理、基本操作技巧 |
| 39 | 电梯风险认知 | 通过课程学习，了解电梯结构；让学生了解电梯风险；增长学生见识，提高突发事故应对能力；培养学生的创新思维、发散思维能力，在交流与碰撞中学会创造；提高风险判断能力 |
| 40 | 电梯困人逃生 | 通过课程学习，了解电梯结构；让学生了解掌握电梯困人解救方法；增长学生见识，提高突发事故应对能力；提高风险判断能力 |
| 41 | H5贺卡制作 | 使用H5创建在线贺卡和邀请函 |
| 42 | 编程小能手 | 通过课程学习，了解编程工具Scratch；了解编程的基本概念和步骤；会用顺序、条件和循环语句实现简单的程序功能 |
| 43 | 个人网页制作小能手 | 通过课程学习，了解编译工具Dreamweaver；了解网页的基本结构；会用表格布局页面 |
| 44 | 计算机组装 | 让学生了解计算机如何安装，了解计算机组成 |
| 45 | 家庭网络安全 | 通过课程学习，了解网络安全的基本问题，会基本的网络安全配置 |
| 46 | 客流量计数器 | 通过课程学习，学会红外传感器检测物体的方法，理解STC89C51单片机计数的原理和程序设计，熟悉数码管动态显示的过程，能使用电源电路给整个系统供电，会进行系统的整体调试 |

| 序号 | 课程名称 | 体验简介 |
|------|----------|----------|
| 47 | 趣味电子幸运转盘制作 | 通过课程学习，了解电子产品制作过程，识别简单电子元器件，能够正确地在印刷电路板上安装及焊接电子元器件，能够进行简单电路故障检查及维修、制成品功能的测试及评价 |
| 48 | 神奇算法实现 | 使用Java实现算法 |
| 49 | 网络小能手 | 通过课程学习，了解网络的基本构成、双绞线的制作规范，会制作双绞线 |
| 50 | 机床奥妙 | 为小学生和中学生介绍机床的发展历史，实地参观机床的生产、维修和调试过程。通过亲身经历的过程，让学生理解数控机床工作原理、工作过程和操作方法，在学生的大脑中初步建立现代制造业的一个形式，为学生今后职业选择和发展提供一种可以参考的路径 |
| 51 | 创意版面设计 | 通过课程学习，了解艺术在日常生活中的体现与原则；提高教师的艺术鉴赏能力，提升自身的艺术素养 |
| 52 | 机器人的奥秘——机器人认知体验之旅 | 教学方法以参观教学法为主，PPT讲授法为辅。通过大量视频和图片展示的形式激发兴趣，再结合机器人实物进行演示，最终让青少年参与启动机器人开始工作 |
| 53 | 基于Arduino的机器人编程基础及展示 | 该项目致力于达到两个目的：首先，让幼儿、青少年通过参观机器人的各种动作，直观地了解机器人能达到怎样能力，在生活工作中能帮助人们完成怎么样的工作。其次，通过讲解机器人的基本理论和Arduino基础编程内容使幼儿、青少年对人们如何操作和控制机器人有一个大概的认识 |
| 54 | 3D打印设计 | 培养学生创新设计能力，并将设计转化为实际产品 |
| 55 | 不织布创意产品设计与制作 | 当代中小学生在家很少接触家务劳动，尤其是针线活。又对玩偶设计充满兴趣。本次职业能力体验着重培养中小学生动手能力，发挥创新思维，将创意理念通过自己的劳动变成现实的产品 |
| 56 | 纸艺制作 | 体验纸张从平面到立体的变化，培养三维思考能力 |
| 57 | 手机壳图案设计 | 培养学生创新设计能力，并将设计转化为实际产品 |
| 58 | 木艺DIY | 通过课程学习，让学生们零距离认知木材、工具与技艺，学会鉴别不同类别的木材，了解台锯、平刨、带锯和打磨机等木工器具及正确安全的使用方法，掌握木料锯切与木料表面抛光打磨的技巧。鼓励学生采用严谨的数学思维与空间思维，进行图稿设计、制作定型、打磨抛光，采用锤、量、锯、刨、钻、锉、拧、磨等手法赋予作品灵魂。通过木艺手作完整体现学生们发现、思考、设计、动手、创造及分享的全过程，锻炼分析能力及独立思考能力，并加深对传统文化和美的理解 |

续表

| 序号 | 课程名称 | 体验简介 |
|------|---------|---------|
| 59 | 神奇的皮具——手工皮具制作 | 通过扮演"小皮匠"的角色导入教学。演练实际的情景构建具有真实感的教学课堂。"谁是小皮匠？""怎么成为小皮匠？""小皮匠的烦恼！"一系列知识点通过情景扮演一一带出，激发学生的好奇心 |
| 60 | 智能制造的摇篮——计算机辅助制造 | 简单认识计算机辅助制造过程 |
| 61 | 智能制造，模具先行（探秘盘子的生产过程） | 通过演示注塑机上的模具打出盘子，再使用机械手取出的过程，让学生了解盘子的生产过程，了解什么是模具、什么是注塑机，怎样生产产量几十万件的盘子之类的塑料件 |
| 62 | 激光打标雕刻加工 | 学会激光雕刻机的使用，认识激光打标加工过程，培养热爱各类职业岗位 |
| 63 | 认识汽车 | 全面直观地认识汽车的构造 |
| 64 | 小小汽车灯光师 | 熟悉使用汽车灯光，了解汽车各种灯光的作用 |
| 65 | 小小汽车检验师 | 熟悉汽车装配生产线检验工作，了解汽车下线检测仪功能，各种质量保障措施的作用，建立产品质量重要性的概念 |
| 66 | 小小汽车年检师 | 熟悉汽车车检所的工作，了解汽车年检各种项目质量要求，年检项目对轿车作用和好处 |
| 67 | 小小汽车设计造型师 | 全面直观地熟悉汽车造型过程，了解汽车油泥、VR虚拟现实体验技术、计算机辅助直观地设计过程应用作用 |
| 68 | 创意软陶泥车模制作汽车突发状况下的应急处理方法 | 通过课程学习，加强动手能力，完成车模的制作，了解汽车色彩搭配的技巧；全面认识汽车构造、了解汽车突发状况下的应急处理方式 |
| 69 | 会计信息系统我来练 | 通过课程学习，了解会计信息系统带来的便利，让学生感受信息化带来的变化；了解会计电算化的一些基础知识和通过看操作视频，同步演练电算化的一些基本操作 |
| 70 | 会计原始凭证我来填 | 通过课程学习，了解会计核算工作的大致流程，让学生感受会计人员工作环境；了解企业常见的原始凭证，如发票和支票，同步演练企业常见原始凭证如何填制 |
| 71 | 见证建筑生命旅程 | 通过课程学习，让学生了解一幢建筑从设计、施工、物业管理到消亡的生命周期全过程，感受城市规划师、建筑、结构、给排水、暖通、强弱电等设计师、物业管理工作者们的智慧结晶和辛勤劳动，体会建筑生命的魅力 |
| 72 | 古建筑探秘 | 通过课程学习，了解我国古建筑在世界建筑史上的地位，初步学会游览名胜古迹时能欣赏古建筑的历史价值和人文内涵，感受古代工匠们的技艺造诣，激发学生的爱国情怀和责任担当 |

续表

| 序号 | 课程名称 | 体验简介 |
|------|----------|----------|
| 73 | 模拟炒股 | 本项目的目的是向青少年提供股票投资的模拟体验，帮助学生了解股票投资软件的下载和使用，掌握股票投资的基本规则 |
| 74 | 短视频制作 | 学生通过课程学习，掌握短视频的基本剪辑方法，能够使用视频剪辑软件完成一个短视频的制作 |
| 75 | 服饰搭配与礼仪 | 服饰是一种文化，它反映着一个民族的文化水平和物质文明发展的程度。服饰具有极强的表现功能，在社交活动中，人们可以通过服饰来判断一个人的身份地位、涵养；通过服饰可展示个体内心对美的追求、体现自我的审美感受；通过服饰可以增进一个人的仪表、气质，所以，服饰是人类的一种内在美和外在美的统一。要想塑造一个真正美的自我，首先就要掌握服饰打扮的礼仪规范，用和谐、得体的穿着来展示自己的才华和美学修养，以获得更高的社交地位 |
| 76 | 海报制作 | 通过课程学习，掌握利用RonyaSoft Poster Designer软件工具，制作具有吸引力的定制海报、横幅和标志方法；掌握基本的图形，图层、美学知识 |
| 77 | 海外淘宝 | 通过课程学习，掌握跨境电商的基本内涵；掌握利用wish平台选品、信息编辑、商品发布等一系列工作 |
| 78 | 快乐网购 | 通过课程学习，了解不同购物平台销售产品品类、沟通方式的差异；掌握通过第三方购物平台进行买家账号注册、商品搜索、咨询客服、选择比较、加入购物车的方法 |
| 79 | 真假商品我来辨 | 从成千上万种商品中遴选出与老百姓生活息息相关的几十种名牌商品，并逐一介绍辨别真假的常识，目的是提高同学们的识真辨假能力，其中包括真假烟、酒、手机、奶粉、服装、鞋类的识别，增加商标鉴别知识，条形码防伪知识等 |
| 80 | 你秀我拍 | 提高学生职业技能，提升生活品质，为职业生涯做好准备 |
| 81 | 闻香品茗 | 学生通过课程学习，掌握绿、红、黑、黄、白、乌龙茶的识别方法；掌握绿茶、花茶、乌龙茶的冲泡方法；掌握茶文化历史知识；能够设计茶席；弘扬中国传统文化 |
| 82 | 垃圾分类动动手 | 地球是人类的共同家园，然而随着社会的工业化发展，人们的生活水平不断提高，人类对地球的攫取和破坏不断加速，工业垃圾与生活垃圾的产生越来越多，直接影响到人类的生活环境，情况已到了令人瞩目惊心的地步。本实践活动就是通过亲身参与垃圾分类活动，使学生了解垃圾的危害，增强环保意识，培养学生的动手实践能力和参与社会生活的意识，从而萌发热爱周围环境，进而热爱大自然、热爱地球的情怀 |
| 83 | 餐桌文化——餐巾折花 | 通过课程学习，了解餐桌文化；掌握餐桌礼仪常识、餐桌礼仪禁忌和须知事项；学会餐巾折花的几种样式 |

续表

| 序号 | 课程名称 | 体验简介 |
|---|---|---|
| 84 | 茶叶的感官审评技术 | 通过课程学习，掌握茶叶的大类；观察不同茶叶的外形、颜色、气味；品尝不同茶叶的味道，观察汤底的颜色，分辨茶质好坏等级；感受不同茶叶带来的味觉感官；了解评审技术 |
| 85 | 党史小讲座 | 通过本次课程，掌握中国共产党自1921年建立以来的整个发展过程，包括中国共产党历次代表大会的情况、党章的不断完善过程、党在各个不同时期的组织建设和发展状况、党领导全国各族人民进行革命和建设的发展历程 |
| 86 | 皮影戏文化 | 通过课程教学，了解皮影戏的历史文化和起源，了解制作皮影戏的材料用具和构成 |
| 87 | 世界经典音乐鉴赏 | 通过本次课程，了解世界各地不同的音乐类别；欣赏世界经典音乐曲目，体会不同音乐带来的美感；分析这些音乐所表达的内涵 |
| 88 | 书法启蒙 | 通过课程项目学习，初步了解书法的历史和起源、知道书法的种类；学习握毛笔的正确姿势，并掌握一些简单文字的书写；向学生展示著名书法大家的作品，学会欣赏 |
| 89 | 探秘良渚 | 通过课程学习，了解知道良渚文化的起源与历史；观看纪录片，深入探秘良渚，包括良渚文化的古环境、图文字符、文物展示等 |
| 90 | 迎亚运——杭州英语 | 通过本次课程，学习了解亚运知识；掌握简单的亚运英语词汇、对话，能进行简单的沟通；模拟亚运英语情景模式，通过对话练习口语 |
| 91 | 中国丝绸之路 | 通过本次课程，了解中国丝绸之路的历史、所经路线；了解丝绸之路作用以及现代的演变 |
| 92 | 手机摄影 | 通过本次教学，掌握手机简单拍摄的技能；学习拍摄构图、色彩、光线；了解手机拍摄的相机参数及锐化、纹理、色调等功能的用法 |
| 93 | 手机短视频拍摄 | 通过本次课程，掌握手机短视频的拍摄方法，学习短视频的剪辑和发布 |
| 94 | 经典动漫赏析 | 经典动漫赏析是一门以审美为理论基础，动漫设计为手段的职业能力体验课程。通过本次职业体验学习，使学生萌发对动漫的兴趣，通过欣赏经典动漫作品，了解动漫作者作画时的心理状态、创作灵感，掌握动漫制作的方法，并且能自身创新，画出自己心目中的动漫，能够让大家对世界动画艺术的发展历程有比较完整的了解、对动画艺术具有较高的鉴赏能力 |
| 95 | 海报PS技巧 | 通过本次教学，掌握PS软件的基础运用以及PS技巧，学会从设计的角度去欣赏美图，培养审美 |
| 96 | 电商banner制作 | 电商banner制作是一门以构图美学为理论基础，banner设计为手段的职业能力体验课程。通过本次职业体验学习，使学生萌发对banner设计的兴趣，通过制作banner，了解各式各样的banner如何制作，能熟练运用各种软件制作banner，并且掌握大众的网购思想，独立制作吸引消费者的banner |

| 序号 | 课程名称 | 体验简介 |
|---|---|---|
| 97 | 创意小动画制作 | 通过本次课程，学习制作小动画的简单步骤，掌握影片剪辑元件的使用和插入动画配音的方法 |
| 98 | PS人像修图 | PS人像修图是一门以美学为理论基础，PS软件使用为手段的职业能力体验课程课程。通过本次职业体验学习，使学生萌发对PS修图的兴趣，通过学习修图，熟练掌握修图技巧，拓展自身技能 |
| 99 | Office办公软件基础应用 | Office办公软件基础应用是一门以计算机为理论基础的职业能力体验课程课程。通过本次职业体验学习，使学生熟练掌握Office的使用，便于以后在工作中的应用 |
| 100 | LED照明灯制作 | LED照明灯制作是一门以电路原理理论为基础，电路设计为手段的职业能力体验课程课程。通过本次职业体验学习，使学生萌发对制作LED照明灯的兴趣，通过制作LED照明灯，了解电路的结构特征，掌握制作电路板的方法 |
| 101 | 3D设计+3D打印 | 通过此次课程，了解3D打印设计技术的概念及原理，学习掌握3D打印技术的打印过程，知道3D打印技术的应用领域 |

# 附录3

# 杭州职业技术学院的青少年职业体验课程设计一览表

| 序号 | 课程名称 | 课程说明 | 课程设计 | 课时（节） | 承载量（人） | 课程对象 | 设施设备 |
|---|---|---|---|---|---|---|---|
| 1 | 可爱机器人 | 简单了解机器人结构，通过程序的调整，使机器人动作，最后输出孩子们的名字，作为纪念 | 1.讲解机器人的现状与原理<br>2.带领学生初步认识机器人各部件及组成部分<br>3.由专业教师设置好程序<br>4.有兴趣同学提供自己名字<br>5.由专业教师在PLC程序中输入变量<br>6.学生可自己操作实现<br>7.启动机器人<br>8.完成文字的输入<br>9.取下打印了自己名字的纸张，作为纪念 | 2 | 30 | 均可 | 绘图夹具、绘图笔、纸张 |
| 2 | 机床奥妙 | 让学生了解机床和生活之间的关系，通过参观博物馆和采用多媒体互动技术来激发学生对机床的兴趣 | 1.参观友嘉工具机博物馆实物展<br>2.采用多媒体技术体验机床加工与组装<br>3.现场观看师傅加工零件<br>4.现场参观机械手动作<br>5.送学生代表一件自己参与加工的小物件 | 2 | 30 | 13~16岁 | 机床、工具机博物馆、数控装调修实训室 |
| 3 | 3D小模型打印 | 想知道3D打印机怎样打印出一个小黄人、一个小狗狗吗？想把自己的设计用打印机打印出来吗？请来"3D小模型打印"体验课吧 | 1.讲解3D打印技术的现状与原理<br>2.从现有产品库里选取想要打印的产品<br>3.学生观摩3D打印的开机、数据转换、打印设置等操作<br>4.观摩打印过程<br>5.打印结束<br>6.取出产品模型。去掉模型支撑部分，完成模型整理。可将模型带回家 | 2 | 30 | 初中生、高中生 | 无 |

| 序号 | 课程名称 | 课程说明 | 课程设计 | 课时（节） | 承载量（人） | 课程对象 | 设施设备 |
|---|---|---|---|---|---|---|---|
| 4 | 身边的原始凭证 | 发现身边的各类原始凭证，了解它们的用处 | 1.导入课程：展示各类原始凭证，（留意）身边的各类原始凭证，如餐饮发票、打车发票、买文具的发票等（10分钟）<br>2.讲解：它们的用处介绍（40分钟）<br>（1）可以保障许多自身的权益。比如出租车上掉了东西可以马上找到车主；买了过期产品，可以凭发票向店主维权。<br>（2）能保证国家的税收。<br>（3）可以成为零花钱记账的依据，养成勤俭节约的习惯。<br>3.示范指导：零花钱如何记账（35分钟）<br>用现金日记账的格式，介绍记账方法<br>4.检查点评总结：对学生完成的情况进行评价总结（15分钟） | 2 | 30 | 高中生 | 餐饮发票、出租车发票、文具发票等 |
| 5 | 股票投资能手 | 你想成为股票投资家吗？想了解股票的概念，明白家长为什么投资股票吗？快来体验股票投资的快乐吧 | 1.通过计算机开启股票行情软件，介绍软件中股票的含义和操作方法（20分钟）<br>2.以案例展示的方式介绍股票行情波动及其对盈亏的影响（20分钟）<br>（1）牛股案例。<br>（2）熊股案例。<br>3.结合新闻解释股价波动的驱动力，介绍股票投资的理念和方法（30分钟）<br>4.操作演示，指导学生操作（20分钟）<br>5.学生提问和交流（10分钟） | 2 | 30 | 高中生 | 具备上网条件的多媒体教室 |

续表

| 序号 | 课程名称 | 课程说明 | 课程设计 | 课时（节） | 承载量（人） | 课程对象 | 设施设备 |
|---|---|---|---|---|---|---|---|
| 6 | 网购小能手 | 指导小朋友了解网购的流程、技巧，并通过网购给最喜欢的长辈送一份最需要的礼物 | 1.导入课程，引发兴趣：教师展示网购的过程，引导孩子选出最喜爱的长辈（5分钟）<br>2.示范、教授：教师传授网购的基本流程和要领，小朋友同步学习（20分钟）<br>（1）登录账号；<br>（2）确定长辈的需求；<br>（3）筛选产品；<br>（4）旺旺交流；<br>（5）下单支付；<br>（6）撰写赠言<br>3.示范、教授、指导、检查：指导小朋友完成全过程。教师跟进指导，检查成果（50分钟）<br>4.点评、观摩、交流：学生展示购买产品、说明选购理由与网购心得（15分钟）<br>5.总结与颁奖：教师总结并给购表现出色（视采购谈判表现、选购礼物的合理性、店铺筛选的合理性给分）的三位小朋友发奖（10分钟） | 2 | 30 | 小学3~6年级 | 30台计算机；1台投影仪；6个支付宝、淘宝账号（每个支付宝账号200元）；3份奖品；网购流程说明书 |
| 7 | 烘焙小能手 | 想自己做小饼干吗？想品尝亲手做的小蛋糕吗？快来当个烘焙小能手，把美味带回家 | 本课程属于体验式课程<br>1.讲解与准备（30分钟）<br>（1）认识烘焙材料和用具。认识制作时用到的材料和用具，告诉孩子用具的用法和注意事项；<br>（2）烘焙材料称量。学会材料的称重和分类；<br>（3）烘焙用具的清洗。学会把用具清洗干净。<br>2.制作过程（50分钟）<br>（1）制作小饼干；<br>（2）制作小蛋糕。<br>3.成果品尝（20分钟）<br>自己品尝亲手制作的点心，并可以带若干成品回家与父母分享 | 2 | 30 | 均可 | 打蛋器、打蛋盆、蛋糕模具、刮刀、筛网等各5套 |

| 序号 | 课程名称 | 课程说明 | 课程设计 | 课时（节） | 承载量（人） | 课程对象 | 设施设备 |
|---|---|---|---|---|---|---|---|
| 8 | 折花魔术家 | 一块小小的、平凡的餐巾，在你手中翻转、变幻成各种各样、美妙绝伦的花卉、动物，让你体验魔术家的快乐 | 本课程属于体验式课程<br>1.导入课程，引发兴趣：教师展示餐巾折花杯花、盘花造型：凌波仙子、出水芙蓉、金鱼戏水、玫瑰花开等（5分钟）<br>2.示范、教授：教师传授餐巾折花的基本技法和要领，学生同步学习（20分钟）<br>（1）叠——将餐巾一折二，二折四，单层叠成多层，折叠成正方形、长方形、三角形、梯形、菱形、锯齿形等；<br>（2）折——将餐巾的叠面折成一褶一褶的形状；<br>（3）卷——用大拇指、食指和中指三指配合，将餐巾卷成圆筒形状。分为平行卷和斜角卷两种；<br>（4）穿——将餐巾握在左手，右手拿筷子，将筷子的一头穿进餐巾的折褶缝中，然后用右手的拇指和食指将筷子上的餐巾一点一点往里拉，直至把筷子穿过去；<br>（5）翻——将餐巾的一角从下端提起翻折到上端；<br>（6）拉——常与翻的动作相配合；<br>（7）捏——主要用于动物的头部；<br>（8）掰——掰一般用于花的制作；<br>（9）推——推是打折时应用的一种手法。<br>3.示范、教授、指导、检查：教师传授五种杯花、五种盘花的折花技法和要领，学生同步学习、制作，教师跟进指导，检查成果（50分钟） | 2 | 30 | 小学3~6年级 | 直升杯（高口直型玻璃杯）150个；餐盘（或骨碟）150个；餐巾300块；筷子15双 |

| 序号 | 课程名称 | 课程说明 | 课程设计 | 课时（节） | 承载量（人） | 课程对象 | 设施设备 |
|---|---|---|---|---|---|---|---|
| 8 | 折花魔术家 | 一块小小的、平凡的餐巾，在你手中翻转、变幻成各种各样、美妙绝伦的花卉、动物，让你体验魔术家的快乐 | （1）教师传授五种杯花的折花技法和要领，学生同步学习、制作，教师跟进指导，检查成果（25分钟）；<br>（2）教师传授五种盘花的折花技法和要领，学生同步学习、制作，教师跟进指导，检查成果（25分钟）。<br>4.点评、观摩、交流：教师点评优秀餐巾花、并向全班展示、拍照，学生观摩、相互交流，对自己的学习成果拍照留念（15分钟）<br>5.理论总结：教师教授餐巾的作用、种类、规格以及如何按宾主席位选择花型（10分钟） | 2 | 30 | 小学3~6年级 | 直升杯（高口直型玻璃杯）150个；餐盘（或骨碟）150个；餐巾300块；筷子15双 |
| 9 | 高尔夫运动秀 | 你想体验高尔夫挥杆的动感与快乐吗？想了解高尔夫的打球技术与规范吗？快来高尔夫运动秀，施展你的魅力，强健你的体魄，把快乐带回家吧 | 本课程属于体验式课程<br>1.讲解与准备（15分钟）<br>认识高尔夫和球具，了解高尔夫服装和礼仪，学习打球技术与规范。<br>2.实践过程（35分钟）<br>（1）学生练习<br>（2）教师指导 | 1 | 30 | 均可 | 20支儿童球杆 |
| 10 | 美丽小模特 | 让我们在青春的舞台上尽情地绽放自己 | 模特训练体验服装秀 | 2 | 30 | 小学生、初中生、高中生 | 服装学生自备 |
| 11 | 巧手DIY——玫瑰花制作 | 制作一朵玫瑰花，送给我们亲爱的爸爸和妈妈 | 教师示范学生制作 | 2 | 30 | 小学生、初中生 | 无 |

续表

| 序号 | 课程名称 | 课程说明 | 课程设计 | 课时（节） | 承载量（人） | 课程对象 | 设施设备 |
|---|---|---|---|---|---|---|---|
| 12 | 手绘鼠标垫设计 | 把自己喜欢的卡通图案等，通过颜料绘制成一款独特的鼠标垫 | 教师示范学生制作 | 2 | 30 | 小学生、初中生 | 无 |
| 13 | T恤衫彩绘 | 把自己喜欢的卡通图案等，通过颜料绘制在T恤衫上，拥有一件独一无二的T恤衫 | 教师示范学生制作 | 2 | 30 | 小学生、初中生 | 无 |
| 14 | DIY钥匙包制作 | 制作一个独特的钥匙包，送给我们亲爱爸爸和妈妈 | 教师示范学生制作 | 2 | 30 | 小学生、初中生 | 无 |
| 15 | 多肉组合 | 在以图片形式展示多肉世界的多姿多彩的基础上，每人体验一组3~5个品种的多肉植物组合盆栽，同时用小瓢虫、小栅栏、彩石等材料加以装饰。低年级和高年级的植物、容器、配饰不同，越高年级可以增加难度 | 1.家庭园艺师的职业介绍（10分钟）<br>2.家庭种养植物的认识（20分钟）<br>3.分发职业体验材料、介绍材料（20分钟）<br>4.休息（10分钟）<br>5.植物种养体验（30分钟）<br>6.小配饰的使用（10分钟）<br>7.养护体验（5分钟）<br>8.总结、评价（10分钟） | 2 | 30 | 小学3~6年级、初高中生分两种层次 | 适合中小学操作的工作台，防水、易擦干净、每人一张 |

| 序号 | 课程名称 | 课程说明 | 课程设计 | 课时（节） | 承载量（人） | 课程对象 | 设施设备 |
|------|----------|----------|----------|-----------|-------------|----------|----------|
| 16 | 探索昆虫世界 | 这是一个色彩斑斓、神秘无比的世界，在这个世界里生活着许许多多珍贵的昆虫，它们像我们人类一样有自己的语言、生活方式和生活环境，奥秘无穷。现在我们将要进行一次昆虫世界的探索，了解昆虫的种类和生活习性 | 1.昆虫知识介绍（15分钟）<br>2.昆虫采集注意事项讲解（10分钟）<br>3.学生户外昆虫采集（40分钟；地点：园艺基地）<br>4.昆虫标本制作过程讲解（10分钟）<br>5.学生制作昆虫标本（35分钟）<br>6.教师总结点评（10分钟）<br>7.学生可带走的成果：自己捕捉的昆虫、自己制作的昆虫标本<br>8.学生能留下的成果：自己制作的昆虫标本 | 2 | 30 | 均可 | 无 |
| 17 | 让花朵换一种方式开放 | 利用植物的天然形态与色素，制作装饰画，为纺织品染色 | 本课程为体验式课程，旨在让小朋友了解生态染色的概念，培养对美的认识并推广环保理念。<br>1.导入新课：首先展示美好的色彩鲜艳的鲜花与绿植。植物界那么多美丽的色彩与形态随着时间流逝就慢慢消逝，要怎样才能留住它们呢<br>2.明确目标：现在我们就用一种新的方法来留住这些美好的形式<br>3.任务一：完成小画幅装饰画。教师PPT展示过程，并现场与学生一起动手操作<br>4.任务二：为环保袋染色。作为任务一的扩展任务，鼓励学生在素色环保袋上自己创作性染色<br>5.预期目标：每个学生都完成一个植物性生态染色的装饰画与一个生态拓染的环保袋 | 2 | 30 | 均可 | 橡胶锤；镊子；剪刀 |

| 序号 | 课程名称 | 课程说明 | 课程设计 | 课时（节） | 承载量（人） | 课程对象 | 设施设备 |
|---|---|---|---|---|---|---|---|
| 18 | 插花小能手 | 插花艺术起源于人们对花卉和生活的热爱，同时插花是充满无限想象的艺术，同学们可以通过学习插花把自己心灵美好的思想都表达出来，通过插花小能手体验课程，大家能够有机会静静欣赏一朵小花的美。请让我们用赏花的心情看世界 | 1.从大自然中选择和采集适合插花的植物材料（体验"甄选"的职业体验，10分钟）<br>2.识别、整理、保鲜花材（体验"心细、认真的职业体验"，15分钟）<br>3.在教师"启发和引导"下，每个孩子都要完成一个既定的插花作品的任务（让学生体验"会动手和耐心"的职业体验，55分钟）<br>4.孩子相互间进行交流、讨论（体验"与同伴分享作品获得经验提升"的职业体验，15分钟）<br>5.整理场地（让学生体验"爱岗敬业，勤劳的职业体验"，5分钟）<br>学生可以带走的成果：自己制作的插花作品和拍摄的插花过程照片 | 2 | 30 | 均可 | 剪刀、花材 |
| 19 | 植物小瓶景 | 利用生物技术将植物种植到生物试剂中，进行培养繁殖 | 1.参与者学习了解无菌车间以及无菌操作的具体要求<br>2.参与者准备接种用的工具、材料等<br>3.参与者进入无菌间更换实验服、鞋子并进行消毒<br>4.参与者观摩学习超净工作台的操作规范<br>5.参与者观摩学习无菌接种的具体操作要求<br>6.参与者进行体验式操作，每人可选择一瓶进行操作，完成后可让学生带走<br>7.完成后按无菌间的规范进行后续整理 | 4 | 30 | 高中生 | 组培瓶、镊子、手术刀 |

续表

| 序号 | 课程名称 | 课程说明 | 课程设计 | 课时（节） | 承载量（人） | 课程对象 | 设施设备 |
|---|---|---|---|---|---|---|---|
| 20 | 微型校园模型制作小能手 | 模型制作是非常有趣味的手工制作课，通过本课程的职业体验，让学生自己设想美丽校园，动手制作理想校园，从而锻炼学生语言组织能力，培养学生热爱校园环境及相互合作的团队意识 | 1.教师先对沙盘模型概念进行讲解，让学生认识什么是沙盘模型（3分钟）<br>2.教师讲解沙盘模型的制作过程（10分钟）<br>3.教师介绍沙盘模型制作材料（2分钟）<br>4.学生根据意愿进行分组分工<br>5.小组进行讨论，对未来校园如何设计的更美（5分钟）<br>6.学生画出理想中的校园局部蓝图（10分钟）<br>7.将校园局部制作成沙盘模型（90分钟）<br>8.制作完毕后，对学生作品进行评比，看哪组做的最形象 | 2 | 30人 | 高中生 | 剪刀、小刀 |
| 21 | 小小造园家 | 感受劳作的快乐，体验造园的乐趣 | 1.先带领小朋友在园艺技术专业小游园进行观赏，看看一些园林小建筑，园林植物等，在去实训场的过程中给小朋友讲解中国传统的园林文化（约20分钟）<br>2.在园林沙盘实训基地进行简单的造园实践（约90分钟），通过我们提供的园林设计图纸，就近取材，以及一些现有材料和成品的园林小模型等让小朋友（两人一组）在沙盘上进行造园体验，并制作成影像或者照片。在这个过程中既体验了劳作的辛苦，又感受到了造园的快乐 | 4（约2小时） | 30 | 小学6年级、初中生、高中生，均可 | 微型园林建筑及小品模型（如小亭子、小桥等）200个；微型植物模型1000个；其他工具、耗材等（小剪刀、小铲子、水桶，根据人数购置30组） |

续表

| 序号 | 课程名称 | 课程说明 | 课程设计 | 课时（节） | 承载量（人） | 课程对象 | 设施设备 |
|---|---|---|---|---|---|---|---|
| 22 | 七彩手工皂 | 手工皂有着将文化、艺术、品质与时尚融于一体的独特的魅力。本项目通过学员的审美、创新和动手，在自主实践和探究过程中，将水晶般的神韵、鲜花的色彩和香气、无限的创意集与晶莹剔透、绚丽多彩、高雅脱俗的DIY皂。与此同时，培养学生日化产品制作的兴趣和职业意识，增强团队合作能力 | 本活动通过引导学员发挥主动性，调动学员的自主参与意识，从而了解和完成手工皂的整个制作过程。<br>1.进入实验室，实验前按照要求穿好实验服，戴好手套，统一讲解实验室安全（水、电）及项目安全注意事项（烧杯、温度计等）<br>2.展示精美的DIY皂制品，播放DIY皂的制作技术教学视频，让同学产生想了解DIY皂相关知识、掌握DIY皂制作技术的渴望。在此基础上让学生提出自己想知道的问题并解答<br>3.对项目过程中使用的恒温磁力搅拌器、温度计、玻璃棒、模具等仪器设备逐一讲解并强调各安全注意事项，进一步强调操作步骤（步骤如下），在教师的指导下自己动手做DIY手工皂，正确使用加热设备、搅拌工具、冷冻设备等，正确加入各种辅料，发挥自己的想象，制作出自己满意的产品<br>4.产品展示。通过各自展示自己的劳动成果，深入了解DIY皂的相关知识。体现学以致用的学习理念，获得职业体验的同时收获乐趣和满足感，同时，提出自己更好的想法 | 2 | 30 | 均可（备注：学生身高差距大，实验服要分别准备） | 烧杯固定夹，为了实验安全，需要购买或定制；准备实验服（尺码较适合）；模具 |
| 23 | 香囊DIY | 爱创新，爱制作；爱生活，爱香囊。不爱平庸，我渴望千里香，我是小巧手，实践出真知，一个小小的香囊，却有我千般的情思 | 1.指导教师准备香囊材料、药材<br>2.学生自己设计不同含义的吊牌<br>3.做香囊前，教师提供多个配方，学生根据自己的需要和药材的不同，选择自己所需的配方 | 2 | 30 | 均可 | 针线、剪刀等，场地职业氛围营造、布置 |

续表

| 序号 | 课程名称 | 课程说明 | 课程设计 | 课时（节） | 承载量（人） | 课程对象 | 设施设备 |
|---|---|---|---|---|---|---|---|
| 23 | 香囊DIY | 爱创新，爱制作；爱生活，爱香囊。不爱平庸，我渴望千里香，我是小巧手，实践出真知，一个小小的香囊，却有我千般的情思 | 4.学生把自己所选配方的药材磨成粉末状<br>5.接着将粉末装进香囊中，塞入少许棉花，再一起缝制香囊<br>6.最后将自己设计的吊牌挂上 | 2 | 30 | 均可 | 针线、剪刀等，场地职业氛围营造、布置 |
| 24 | 固体胶制作 | 固体胶是人们最常使用的文具之一。市场上不同品牌的固体胶产品价格及质量区别很大。引导学员探寻固体胶原料奥秘，并完成一款优秀固体胶产品的制备。提升学员科学思考及实验动手能力 | 1.讲解实验室安全及注意事项（5分钟）<br>2.学员自述固体胶产品使用感受，并提出一款优秀的固体胶产品应具备哪些性能（15分钟）<br>3.讲解样品、原料性能及实验演示（15分钟）<br>4.学员制作（50分钟）<br>5.学员总结实验心得（15分钟） | 2 | 30 | 初中生 | 实验室 |
| 25 | 声音大小辨别 | 用仪器来辨别声音的强弱、噪声的危害 | 1.给学生简单介绍噪声的概念、来源、特征、危害、控制、度量及相关标准、监测方法、结果计算与评价等知识（50分钟）<br>2.介绍声级计的工作原理，演示声级计的使用方法（20分钟）<br>3.公共场所噪声的监测及计算、评价（30分钟） | 2 | 30 | 均可 | 声级计 |

| 序号 | 课程名称 | 课程说明 | 课程设计 | 课时（节） | 承载量（人） | 课程对象 | 设施设备 |
|---|---|---|---|---|---|---|---|
| 26 | 室内污染知多少 | 室内空气污染比室外高5~10倍，室内空气污染物多达500多种。甲醛已成为室内环境污染的头号大敌，会引发多种疾病。我们经常活动的场所中甲醛会超标吗？新装修家庭中甲醛含量一般为多少含量？主要来自哪里呢？一起来动手检测甲醛吧 | 本活动带领青少年学生检测并评价室内环境中的甲醛含量，旨在调动学员的自主参与意识，一方面增强青少年的职业体验和职业兴趣，另一方面了解室内环境中甲醛的主要污染源及危害，树立环保意识。整个活动主要分三步。<br>1.学生简单介绍甲醛的性质、来源、特征、危害、控制及监测方法、评价等知识<br>2.介绍国标检测甲醛的工作原理及使用方法<br>3.动手检测室内环境中甲醛的含量 | 2 | 30 | 高中生 | 甲醛测量仪 |
| 27 | 西点师职业体验 | 体验者亲自动手制作蛋糕装盘，包括称量、打粉和焙烤 | 1.给学生介绍西点师职业和操作注意事项（10分钟）<br>2.分发职业体验材料，并进行各材料介绍，按蛋糕的配方称量、打料及烘烤（80分钟）<br>3.总结点评（10分钟） | 2 | 30 | 均可 | 32个围裙、工作帽，1千克容量的打蛋器2台；小不锈钢盆10个，砧板10块 |

续表

| 序号 | 课程名称 | 课程说明 | 课程设计 | 课时（节） | 承载量（人） | 课程对象 | 设施设备 |
|---|---|---|---|---|---|---|---|
| 28 | 趣味电子幸运转盘制作 | 学生进行手工焊接电子元器件，制作电子小产品：幸运转盘。把10只LED配置成一个圆圈，当按一下按键后，每只LED按顺序轮流发光，流动速度会越来越慢，最后停在某一只LED上不再移动。若最后发亮那个LED与玩家预测的相同，则表示"中奖"了 | 按照教师的示范，学生动手在印刷电路板上进行元器件安装及焊接操作，并实现完整的一个电子幸运转盘小产品功能。学生最终完成的作品可以自己带走，平时可用作估号码游戏、抽奖机等 | 2 | 30 | 初中生、高中生 | 电烙铁、斜口钳 |
| 29 | 中华传承之"祝寿" | 角色扮演的游戏带你穿越千年，空竹、剪纸、竹排舞帮你传承中华，拿出十八般武艺展示你的孝心（备注：我们想做成系列项目；隔段时间翻新一个主题） | 古代某个大户人家中的老母亲过八十大寿，子女们想办法帮其庆祝的事件，由我校传统文化协会学生作为主人翁，穿针引线，孩子们带身份参与。<br>1.主人翁诉说，展开故事，明确祝寿主题，借此弘扬传统孝道文化<br>2.节目一：空竹表演（展示）<br>3.节目二：剪纸（动手）<br>主人翁提出想为母亲献上100个寿字，请参与的孩子们一起帮忙，自己的作品可以带走 | 2 | 30 | 小学3~6年级 | 剪刀、空竹、服装、照片打印机 |

| 序号 | 课程名称 | 课程说明 | 课程设计 | 课时（节） | 承载量（人） | 课程对象 | 设施设备 |
|------|---------|---------|---------|-----------|-------------|---------|---------|
| 29 | 中华传承之"祝寿" | 角色扮演的游戏带你穿越千年，空竹、剪纸、竹排舞帮你传承中华，拿出十八般武艺展示你的孝心（备注：我们想做成系列项目；隔段时间翻新一个主题） | 4.节目三：竹排舞（展示参与），既感受民俗风情，又让孩子们在参与的过程中培养互相协作的精神<br>5.节目四：传统服装秀（展示+体验）<br>6.全家合影，各自穿上传统服饰，与"老母亲"及"兄弟姐妹"合影，照片立等可取 | 2 | 30 | 小学3~6年级 | 剪刀、空竹、服装、照片打印机 |
| 30 | 小小网页设计师 | 通过制作送给长辈的电子贺卡，体验网页设计的乐趣，增加审美情趣，了解网页制作流程和互联网 | 1.前期准备<br>（1）按送给爷爷奶奶、父母、教师、朋友等的祝福或感谢等为主题，准备30套适合儿童的网页模板；<br>（2）准备用于发布小朋友制作的网页的服务器（外网能访问）；<br>（3）请小朋友选择要送祝福的对象及其邮箱地址（有就提供）；<br>（4）介绍网页制作工具和访问网页的方法。<br>2.过程<br>（1）每人一台计算机，请小朋友选择模板，写上祝福语；<br>（2）在教师指导下，对网页进行一定的个性化设计；<br>（3）发布到服务器，访问自己设计的网页；若有长辈的邮件，将网络卡片以邮件形式发送；<br>（4）连接打印机，对网页进行彩打（附网页访问地址）。 | 2 | 30 | 小学3~6年级 | 30台计算机（可利用现有机房）、1台投影仪（利用机房）、1台彩色打印机、服务器（利用现有学校服务器）； |

| 序号 | 课程名称 | 课程说明 | 课程设计 | 课时（节） | 承载量（人） | 课程对象 | 设施设备 |
|---|---|---|---|---|---|---|---|
| 30 | 小小网页设计师 | 通过制作送给长辈的电子贺卡，体验网页设计的乐趣，增加审美情趣，了解网页制作流程和互联网 | 3.结束<br>小朋友把打印的网页带回家，请长辈收邮件或者按地址上网欣赏小朋友设计的网页 | 2 | 30 | 小学3~6年级 | 建议在展示中心放置触摸屏（最好大屏幕）展示网页作品，供全体师生或家长欣赏 |
| 31 | 美图秀秀 | 照片处理、小报设计体验 | 1.个人照片处理<br>（1）每人一台带摄像头的计算机，并打开美图秀秀作图软件；<br>（2）请小朋友使用摄像头获取自己的图像；<br>（3）在教师的指导下完成照片处理；<br>（4）学生打印自己的照片，带回家。<br>2."放飞梦想"小报设计<br>请小朋友思考：自己的梦想是什么<br>（1）在教师的指导下完成"放飞梦想"的小报设计；<br>（2）学生打印自己的小报，带回家 | 2 | 30 | 小学3~6年级 | 带摄像头的计算机30台、投影仪1台、彩色打印机1台、相纸若干 |
| 32 | 家庭网络搭建 | 构建家庭网络，创建便捷生活 | 带领学生参观综合布线实训室，了解家庭网络的基本构成；讲解网络跳线的制作过程，分发相应的线缆和水晶头，在教师的指导下，完成网络跳线的制作过程，并测试其连通性；在模拟家庭网络的环境中，演示信息模块的制作过程，并在教师的指导下，完成信息模块的打线工作。活动结束后，学生对家庭网络有了更加直观地了解，同时将其制作的跳线作为成果带回使用 | 2 | 30 | 小学3~6年级、初中生、高中生 | 家庭宽带路由器10个、测线器5个、夹线钳10把 |

续表

| 序号 | 课程名称 | 课程说明 | 课程设计 | 课时（节） | 承载量（人） | 课程对象 | 设施设备 |
|------|---------|---------|---------|-----------|-------------|---------|---------|
| 33 | 双语海报手工制作 | DIY创意双语海报，发挥想象，突显属于你们的独一无二的个性，和新通英语协会大姐姐一起动起来吧 | 1.组团<br>3~4人一组，任务分工，合作完成<br>2.海报主题选择与海报设计<br>提供海报主题，要求运用网络等资料寻找海报设计元素<br>3.设计海报<br>根据自己对海报的理解和创意设计海报版面，突出小组特色<br>4.制作海报<br>运用手工制作各种形式，制作海报<br>5.作品展示<br>把最后制作的海报成列展示 | 2课时 | 30 | 小学3~6年级 | 海报纸；水彩笔、油画棒、水彩颜料、铅笔、橡皮、尺、圆规、剪刀、胶水；普通教室拼桌；计算机、彩色打印机、打印纸、网络 |
| 34 | 商品的真假识别 | 很多同学听说甚至经历过假冒伪劣商品的伤害，本课程通过视频、图片和具体实物教会大家如何用科学的方法去认识和鉴别假冒伪劣商品，学会用法律武器维护自己的权益，让自己的生活更精彩、更健康 | 1.借助视频和图片，通过一系列案列，引出假冒伪劣商品给人们生活带来危害<br>2.通过真假商品的对比，掌握商品防伪标记以及真假商品识别方法<br>3.以5人一组，分为6组，通过所学方法鉴别具体所给商品 | 2课时 | 30 | 中学生 | 小商品若干；多媒体教室（网络）；商品展示台 |

续表

| 序号 | 课程名称 | 课程说明 | 课程设计 | 课时（节） | 承载量（人） | 课程对象 | 设施设备 |
|---|---|---|---|---|---|---|---|
| 35 | 认识汽车 | 全面直观地认识汽车的构造 | 1.简单介绍汽车发展历史<br>2.介绍目前主要汽车品牌及认识汽车车标<br>3.汽车构造的介绍讲解，了解汽车的性能和结构<br>4.学会识别汽车发动机的排量；了解不同排量的发动机所对应的动力性能<br>5.学会识别汽车变速器的类型；掌握不同变速器的动力传递方式和其自身的优缺点<br>6.参观解剖车及汽车各零部件，直观认识汽车 | 2 | 30 | 小学生3~6年级 | 电器实训室、发动机实训室、变速器实训室、椅子30把（每组5人） |
| 36 | 创意软陶泥车模制作 | 用我们的双手打造我们的漂亮"爱车" | 1.简单介绍汽车造型发展史及汽车色彩营销知识<br>2.介绍汽车分类，设问——同学们最喜欢的汽车和汽车造型<br>3.分组布置车模制作任务<br>4.按照小组需求选择不同颜色的软陶泥<br>5.分组完成车模制作<br>6.总结活动内容，点评各小组的活动成果，拍照留念，带走作品 | 2 | 30 | 小学生1~2年级 | 多媒体教室、长桌子（6人一桌）5张、椅子30把；陶泥工具30套 |
| 37 | 小小汽车装配工 | 用我们的双手组装我们自己的轿车 | 1.单介绍汽车整体构造<br>2.分组布置车模组装任务<br>3.按照小组需求领取车模<br>4.分组完成车模的组装过程<br>5.总结活动内容，拍照留念，带走自己组装的车模 | 2 | 30 | 小学生3~6年级 | 整车实训室，椅子30把，桌子6张（每组5人） |

| 序号 | 课程名称 | 课程说明 | 课程设计 | 课时（节） | 承载量（人） | 课程对象 | 设施设备 |
|---|---|---|---|---|---|---|---|
| 38 | 小小汽车灯光师 | 能够熟悉使用汽车灯光，了解汽车各种灯光的作用 | 1. 介绍汽车灯光的种类与作用<br>2. 介绍在不同情况下要使用什么样的灯光，起到警示与安全的作用<br>3. 讲解实车上各种灯光的使用方法<br>4. 分小组实际操作大众帕萨特汽车各种灯光 | 2 | 30 | 小学生3~6年级 | 整车实训室，椅子30把，桌子6张（每组5人），帕萨特实车两辆；远、近光灯泡各30个 |
| 39 | 卡通小画家 | 绘制卡通画 | 1. 参观动漫学院（约10分钟）<br>孩子及家长先到动漫艺术学院西门（近高尔夫球场）集中，在学院师生带领下参观衍生产品工作坊、动画制作中心、动漫学生作品展，重点观看徽章、杯子、衣服等衍生产品的现场制作过程。<br>2. 绘制卡通画（30~60分钟）<br>孩子们在学院一楼大厅/308绘制自己喜欢的卡通形象角色，学院师生分组指导，每期活动都有主题，绘画材料可以是纸杯、纸盘或圆形卡片等，作品可带走。<br>3. 制作衍生产品（10~30分钟）<br>孩子们可以选择将自己绘制的卡通形象以衍生产品的形式带走，制作费用和快递费用自理，不含在活动费内。由于部分衍生产品需要扫描仪和后期制作，时间较长，作品将快递给孩子 | 2 | 30 | 小学3~6年级 | 扫描仪、专用打印机、徽章制作机、工具箱；参与活动师生定制统一服装200件，动漫玩偶服装2~4套 |

| 序号 | 课程<br>名称 | 课程说明 | 课程设计 | 课时<br>（节） | 承载量<br>（人） | 课程<br>对象 | 设施<br>设备 |
|---|---|---|---|---|---|---|---|
| 40 | 创意纸<br>玩具 | 制作纸玩具 | 1.参观动漫学院（约10分钟）<br>孩子及家长先到动漫艺术学院西门（近高尔夫球场）集中，在学院师生带领下参观衍生产品工作坊、动画制作中心、动漫学生作品展，重点观看徽章、杯子、衣服等衍生产品的现场制作过程。<br>　2.制作创意纸玩具（30~60分钟）<br>根据孩子的年龄层次及兴趣爱好，由孩子选择制作的纸玩具主题，自行组建团队在学院一楼大厅／308制作，学院师生分组指导。<br>（1）小学3~6年级：孩子在教师的带领下完成纸玩具模型制作，有能力的小组还可以给纸玩具配上故事，项目结束后成品可带走。<br>（2）初中生/高中生：孩子在教师的带领下在卡纸上将纸玩具模型按比例放大打样，制作并绘制，有能力的小组还可以给纸玩具制作适合的场景，项目结束后成品可带走。<br>　3.展示纸玩具（10~40分钟）<br>在学院一楼大厅展示各小组创作的纸玩具，给孩子们和自己制作的纸玩具们合影留念，起到交流、分享的作用 | 2 | 30 | 均可 | 参与活动师生定制统一服装200件，动漫玩偶服装2~4套 |
| 41 | 创意小<br>制作 | 黏土、废旧用品制作 | 1.参观动漫学院（约10分钟）<br>孩子及家长先到动漫艺术学院西门（近高尔夫球场）集中，在学院师生带领下参观衍生产品工作坊、动画制作中心、动漫学生作品展，重点观看徽章、杯子、衣服等衍生产品的现场制作过程。 | 2 | 30 | 均可 | 参与活动师生定制统一服装200件，动漫玩偶服装2~4套 |

| 序号 | 课程名称 | 课程说明 | 课程设计 | 课时（节） | 承载量（人） | 课程对象 | 设施设备 |
|---|---|---|---|---|---|---|---|
| 41 | 创意小制作 | 黏土、废旧用品制作 | 2．制作创意手工（30~60分钟）<br>孩子们在学院一楼大厅／308按以下主题分组，学院师生分组指导。<br>（1）创意折纸／黏土：根据体验孩子的年龄层次，在教师的带领下完成适合难度的动漫折纸／黏土制作，项目结束后成品可带走。<br>（2）变废为宝：孩子在教师的带领下将日常生活中常见如瓶子、易拉罐、纸板箱等物品通过再次创意加工变成艺术品或生活用品，同时向孩子们进行环保宣传，项目结束后成品可带走。<br>3.创意小集市（10~40分钟）<br>在学院一楼大厅组建创意小集市，让孩子们自己售卖或交换所制作的创意手工作品，起到交流、分享的作用，进行作品的营销体验 | 2 | 30 | 均可 | 参与活动师生定制统一服装200件，动漫玩偶服装2~4套 |
| 42 | 微电影初体验 | 体验微电影的录制过程 | 1.参观动漫学院（约10分钟）<br>孩子及家长先到动漫艺术学院西门（近高尔夫球场）集中，在学院师生带领下参观衍生产品工作坊、动画制作中心、动漫学生作品展，重点观看徽章、杯子、衣服等衍生产品的现场制作过程。<br>2．体验摄像和后期剪辑（30~60分钟）<br>摄像初体验：孩子将在专业教师的带领下学习DV的基本使用，如何拍摄并把素材导入计算机，进行简单剪辑等相关知识和操作，在学习过程中由教师手把手授课，保证学生的学习效果，另有专业摄影棚、动漫玩偶道具及服装供学生使用。 | 2 | 50 | 均可 | DV机6台、动漫玩偶道具等； |

续表

| 序号 | 课程名称 | 课程说明 | 课程设计 | 课时（节） | 承载量（人） | 课程对象 | 设施设备 |
|---|---|---|---|---|---|---|---|
| 42 | 微电影初体验 | 体验微电影的录制过程 | 3．制作作品光盘（10~30分钟）<br>孩子们可以选择将自己初次摄像作品刻成光盘留作纪念 | 2 | 50 | 均可 | 参与活动师生定制统一服装200件，动漫玩偶服装2~4套，用于本次活动的所有项目 |
| 43 | 小小摄影师 | 体验摄影过程及制作 | 1.参观动漫学院（约10分钟）<br>孩子及家长先到动漫艺术学院西门（近高尔夫球场）集中，在学院师生带领下参观衍生产品工作坊、动画制作中心、动漫学生作品展，重点观看徽章、杯子、衣服等衍生产品的现场制作过程。<br>2.体验摄影（30~60分钟）<br>摄影初体验：孩子将在专业教师的带领下学习单反相机的相关知识和操作，在学习过程中由教师手把手授课，保证学生的学习效果，另有专业摄影棚、动漫玩偶道具及服装供学生使用，学生的摄影作品可打印1份以供收藏。<br>3．制作作品贺卡（10~30分钟）<br>孩子们可以选择将自己初次摄影作品打印出来，在教师指导下装裱成贺卡或放在作品墙中分享 | 2 | 30 | 均可 | 单反相机6台、三脚架6只、照片打印机、动漫玩偶道具等；参与活动师生定制统一服装200件；动漫玩偶服装2~4套 |

| 序号 | 课程名称 | 课程说明 | 课程设计 | 课时（节） | 承载量（人） | 课程对象 | 设施设备 |
|---|---|---|---|---|---|---|---|
| 44 | 卡通小配音 | 观看动漫片并体验、观看动漫配音 | 1.参观动漫学院（约10分钟）<br>孩子及家长先到动漫艺术学院西门（近高尔夫球场）集中，在学院师生带领下参观衍生产品工作坊、动画制作中心、动漫学生作品展，重点观看徽章、杯子、衣服等衍生产品的现场制作过程。<br>2.体验动画片配音（30~60分钟）<br>配音初体验：孩子将在专业录音棚中，教师的带领下选择动画片素材，按照角色分配进行配音录制。免费提供摄影服务，如有需要可以提供单独摄像服务，费用另算。<br>3.观看配音作品（10~30分钟）<br>孩子们可以观看自己初次配音的动画片，并获得活动照片1张 | 2 | 30 | 均可 | 参与活动师生定制统一服装200件，动漫玩偶服装2~4套 |
| 45 | 板鞋竞速 | 板鞋竞速是集速度、耐力、力量、柔韧、协调、灵敏素质为一体的运动项目，它要求多名运动员一起将足套在同一双板鞋上奔跑，是一项集技巧性、趣味性为一体的活动 | 板鞋竞速活动在铺有塑胶的运动场地上进行，由多名成员一起将足套在同一双板鞋上，在规定场地上奔跑比赛，以在同等距离内所用的时间多少决定名次。其间安排专门人员拍照，比赛后进行成绩认定。参加活动的人员可获得活动过程照片和证书 | 2 | 30~50 | 均可 | 板鞋以长度为1~6米、宽度为10厘米、厚度为3厘米木料制成。每只板鞋配有若干宽度为5厘米护足面皮，分别固定在板鞋规定的位置 |

| 序号 | 课程名称 | 课程说明 | 课程设计 | 课时（节） | 承载量（人） | 课程对象 | 设施设备 |
|------|---------|---------|---------|-----------|-------------|---------|---------|
| 46 | 石头剪刀布 | 石头剪子布起源于中国，然后传到日本，韩国等地，随着亚欧贸易的不断发展传到了欧洲，到了近现代逐渐风靡世界，是一项靠策略、观察和智慧取胜的游戏 | 比赛采用11局6胜淘汰制，选手随机抽签1对1比赛，赢者晋级下一轮。比赛采用民间通俗的石头赢剪刀、剪刀赢布、布赢石头的规则，如双方出拳相同则视为平局，继续比赛直到产生胜负。双方选手对视而站，中间用齐肩高的帘子隔开，双方选手不得偷看对方出拳瞬间手势变化。每局比赛，裁判示意开始，同时出拳，出拳后不得更改，工作人员将帘子打开，裁判宣判比赛结果，并颁发名次证书 | 2 | 30~50 | 均可 | 3~5幅比赛用的隔帘、凳子若干 |
| 47 | 无敌风火轮 | 无敌风火轮活动可培养团队成员的团结一致、密切合作、克服困难的团队精神，培养计划、组织、协调能力和一丝不苟的工作态度，增强队员间的相互信任和理解，是一项团队协作竞技型、户外素质拓展型运动项目 | 12~15人一组利用报纸和胶带制作一个封闭式大圆环，大圆环立起来以后可以容纳全部团队成员站在大圆环内，边走边滚动大圆环。其间安排专门人员拍照，比赛后进行成绩认定。参加活动的人员可获得活动过程照片和证书 | 2 | 30~50 | 均可 | 旧报纸若干，透明胶带若干，胶水若干 |

续表

| 序号 | 课程名称 | 课程说明 | 课程设计 | 课时（节） | 承载量（人） | 课程对象 | 设施设备 |
|---|---|---|---|---|---|---|---|
| 48 | 自卫防身术 | 自卫防身术是一门集拳击、武术、摔跤、柔道、擒拿格斗等技术为一体的综合性课程，通过学习可以让大家了解与学习遇险自救的方法，提高自身的警觉性和应急意识，做好必要的防身准备 | 先进行自卫防身术视频介绍，然后训练自卫防身的基本姿势、拳法、腿法、摔法、肘法、膝法、擒拿以及各种防身格斗技术 | 2 | 30~50 | 均可 | 无 |
| 49 | 网球训练营 | 网球是一项高雅、文明、时尚集娱乐性、观赏性、健身性为一体的运动项目，当今世界四大绅士运动之一 | 先进行网球运动视频介绍，然后到网球场训练正手握拍法（东方式和半西方式）、正手底线击球技术动作、反手底线击球技术动作、正、反手综合练习，以及击球训练 | 2 | 30 | 均可 | 配备30个网球 |
| 50 | 心理健康教育辅导 | 心理健康教育辅导是以团体为对象，通过团体成员间的互动，运用一定的辅导策略与方法，让大家掌握一定的心理技巧，并使自身得到感悟或体验，激发个体潜能，激发创新思维 | 心理健康教育辅导整个过程分为四个阶段第一阶段是热身（暖场）期：激发需求，吸引学生积极投入。第二阶段是互动期：为学生提供一个宣泄压抑，吐露真情，自我思索，自我判断的空间。第三阶段是探索期：引导学生相互坦诚地敞开心扉，交流各自的真实感受，并分享快乐。第四阶段是结束期：用心理学理论与技巧协助学生自我认识、调节与提升 | 2 | 30~50 | 均可 | 无 |

续表

| 序号 | 课程名称 | 课程说明 | 课程设计 | 课时（节） | 承载量（人） | 课程对象 | 设施设备 |
|---|---|---|---|---|---|---|---|
| 51 | 传统文化教育（《弟子规》） | 《弟子规》是教育人们在家、外出待人接物应有的礼仪与规范，可以与《三字经》《百家姓》《千字文》相媲美的中国传统文化教育读本 | 诵读《弟子规》，联系生活实际，让学生真正理解其中的含义。在教育过程中通过生动的故事来打动学生的心，并鼓励学生在生活中践行《弟子规》 | 2 | 30~50 | 均可 | 购买或打印《弟子规》 |